## Das Buch

Kuan Yin, Verkörperung der einfühlsamen und liebevollen Güte, wird bis heute in Asien als Göttin der Gnade und Barmherzigkeit verehrt. Mit der Verbreitung des Buddhismus gelangt ihr Segen nun auch in unseren westlichen Alltag und bereichert das Leben vieler.

Gewinnen Sie einen Einblick in den Mythos, die Poesie und die spirituelle Kraft der Kuan Yin, die uns Menschen gerade heute als ein inspirierendes Symbol für Güte, Frieden und Liebe zu dienen vermag. Sie kann uns eine wichtige Hilfe dabei sein, die notwendige Erneuerung in uns selbst und in der Welt zu manifestieren und die sich daraus ergebenden neuen Herausforderungen zu meistern.

Die im Buch enthaltenen Orakelsprüche, »Die hundert guten Wünsche der Kuan-Yin« regen an zur persönlichen Schau und zur Entwicklung der eigenen Intuition. Auf diese Weise schenken sie uns neue Einsichten und ermöglichen, dass uns Hilfe von vielleicht unerwarteter Seite zukommen kann.

## Der Autor

Wulfing von Rohr, Jahrgang 1948, ist Kultur- und Bewusstseinsforscher, außerdem ein Experte für die Themen Spiritualität und Religion sowie interkulturellen und religiösen Austausch. Er führte Interviews und Gespräche mit bedeutenden Zeitgenossen, u.a. mit Indira Gandhi, Rabbi Tzvi Freemann, Padre Maximilian Mizzi, dem Dalai Lama und Papst Johannes Paul II., übersetzte u.a. für Chris Griscom und Chuck Spezzano. Bekannt wurde er als Autor und Koautor zahlreicher Bücher über angewandte spirituelle Psychologie, Naturheilkunde und Geheimwissen. (www.bodyspirit.org; www.engeltage.org)

Wulfing von Rohr

# Kuan Yin

## Die weibliche Fürsprecherin im Buddhismus

Schirner
Verlag

ISBN 3-978-89767-323-6

© Wulfing von Rohr für Schirner Verlag, Darmstadt
Erste Auflage 2007

Redaktion: Kirsten Glück, Heike Wietelmann
Satz: Kirsten Glück
Herstellung: Interpress, Ungarn

www.schirner.com

# Inhaltsangabe

# She carries me
# to the other side

She is a boat, she is a light
high on a hill in the dark of night.
she is a wave, she is the deep,
she is the dark where angels sleep.
when all is still and peace abides,
she carries me to the other side.

JENNIFER BEREZAN*

*Sie ist ein Boot, sie ist ein Licht
hoch auf dem Hügel in der dunklen Nacht.
Sie ist die Tiefe, sie ist die Welle;
wo Engel schlafen, hält sie Wacht.
Wenn alles still und friedvoll wird,
bringt sie mich auf die andre Seit'.*

---

*Zitiert aus: Boucher: Discovering Kwan Yin, S. 59 (siehe Anhang)

# Die Barmherzige, welche die Rufe der Welt erhört

## *Die Geschichte einer chinesischen Prinzessin, die zu Kuan Yin wurde*

Im siebten Jahrhundert gab es in China einen König, dessen Frau ihm drei Töchter schenkte. Als die jüngste Tochter, die später Miao-Shan heißen sollte, geboren wurde, bebte die Erde, Blüten sprangen auf, und überall im Lande verbreitete sich ein wundervoller Duft ... Wie auch heute noch galten damals solche Ereignisse bei der Geburt eines Kindes vielen Menschen als Zeichen, dass sich eine hohe Seele auf der Erde inkarniert.

Die Eltern waren erstaunt und beglückt über diese verheißungsvollen Vorzeichen. Im Laufe der Zeit erwies sich Miao-Shan immer mehr als ein liebevolles junges Wesen, das voller Anteilnahme und Hilfsbereitschaft für andere Menschen und auch für Tiere war. Sie achtete nicht auf ihren Stand, sondern begegnete allen Lebewesen mit der gleichen großen Reinheit und Liebe. Das beunruhigte schließlich ihre Eltern; und so traf der König, Miao-Shans Vater, Vorbereitungen, sie zu verheiraten und damit zu einer »richtigen« Prinzessin zu machen, die seinen Vorstellungen entsprach. Miao-Shan teilte ihm jedoch mit, dass sie nur dann heiraten würde, wenn sie dadurch das Leiden der gesamten Menschheit lindern könne. Ihre innere Berufung sei es, ein religiöses Leben zu führen und allen Wesen zu dienen, nicht aber, sich mit einem Manne zu verbinden und ihre begrenzte Lebenszeit in einem fürstlichen Hause zu verbringen.

Um sie zu zwingen, diesen Standpunkt aufzugeben, wurde Miao-Shan aufgetragen, die niedersten Dienste im Palast des Königs auszuführen, während ihre Schwestern mit Pomp verheiratet wurden und ein angenehmes Leben führen konnten. Miao-Shan scheute sich nicht, diese vermeintlich unstandesgemäßen Dienste auszuführen, und blieb dabei immer heiter und freundlich. Mutter und Schwestern versuchten, ihr zuzureden, den Widerstand gegen ihre Verheiratung aufzugeben, aber Miao-Shan ließ sich auch durch gute Worte nicht umstimmen. Der König befahl schließlich, ihr nicht mehr ausreichend Nahrung zu geben und sie noch härter zu schinden.

– Doch Miao-Shan blieb in ihrer Haltung fest.

Der König – erzürnt darüber, dass Miao-Shan an ihrem Wunsch nach einem Leben im Dienst für die Menschheit festhielt – ließ sie in ein weit entferntes Kloster ziehen. Der asketische Alltag der Nonnen an einem weltabgeschiedenen Fleckchen Erde würde sie schon zur Räson bringen, glaubte er. Insgeheim befahl er den Nonnen dort, Miao-Shan das Leben so schwer wie nur möglich zu machen. Die Prinzessin musste jeden Tag von weit her Wasser und Holz holen. Zusätzlich wurde ihr aufgetragen, einen Gemüsegarten für die Küche des Klosters anzulegen. Da das Land ringsherum sehr öde und unfruchtbar war, musste, so dachte der König, Miao-Shan unweigerlich scheitern und würde so für ihr vermeintliches Versagen noch mehr beschimpft und erniedrigt werden können. Stattdessen ereignete sich etwas Wunderbares: Unter ihren sanften Händen und ihren innigen Gebeten wuchsen – sogar im Winter – Gemüse, Kräuter und Blumen, und neben der Küche entsprang mit einem Mal eine Quelle.

Als der König davon hörte, entschloss er sich, seine Tochter und alle Nonnen umbringen zu lassen. Miao-Shan hatte sich seinem väterlichen Willen widersetzt, und die Nonnen hatten, wie es ihm schien, seinem Befehl, ihr das Leben im Kloster unerträglich zu machen, nicht gehorcht. Daher schickte er seine Schächer zum Kloster, um es in Brand zu stecken.

Doch durch ein unglaubliches Wunder wurden die Nonnen in den Himmel entrückt; Miao-Shan selbst wurde von einem Himmelsgeist gerettet und auf eine weit entfernte Insel in Sicherheit gebracht. Dort lebte sie unerkannt viele Jahre lang im Gebet und in Ausübung ihrer religiösen Bräuche. Ihre Familie hatte sie derweil für tot erklärt und die spärlichen Berichte von der wundersamen Errettung der Nonnen als Legende abgetan.

Viele Jahre später wurde der König schwer krank. Kein Arzt konnte ihm helfen, keine Medizin wirkte. Er konnte weder schlafen noch essen. Man gab ihm nur noch wenige Wochen, bis er sicherlich würde sterben müssen. Ein Wandermönch erfuhr von der Krankheit des Königs und verkündete, dass er nur würde gerettet werden können, wenn ein Mensch, der ohne jeden Hass sei, aus freien Stücken seine Arme und Augen opferte, sodass er daraus eine lebensrettende Medizin würde herstellen können.

Der König hielt es für völlig unmöglich, dass es einen Menschen geben könnte, der völlig frei von Hass sei, und noch viel weniger glaubte er, dass ein Mensch freiwillig seine Augen und Arme opfern würde. Der Mönch versicherte ihm jedoch, dass ein solcher Bodhisattva* im Reiche des Königs lebte und dieses Opfer gern darbringen würde, wenn man ihn nur darum bäte.

Ein Bote wurde zu dem Bodhisattva gesandt. Dieser war Miao-Shan, und sie nahm das Opfer voller Freude auf sich. Der Bote kehrte mit den Opfergaben

---

*Bodhisattva: ein erleuchtetes Wesen, das – aufgrund eigener Verdienste – die Erde als Stätte der Polarität und des Leidens eigentlich verlassen hat und sich ewiglich (ohne wiedergeboren zu werden) im »Nirwana« erfreuen könnte, sich jedoch entscheidet, immer wieder auf die Erde zurückzukommen, bis alle Lebewesen durch Belehrung, Vorbild und Barmherzigkeit erleuchtet und befreit sind. Im Mahayana-Buddhismus nimmt der Bodhisattva eine Schlüsselstellung ein; im Unterschied dazu ist ein Buddha ein Wesen, das nicht mehr auf die Erde zurückkehrt. Allerdings sind im Buddhismus selbst die Ansichten zu solchen Unterscheidungen nicht immer eindeutig.

zurück, der Mönch bereitete die Medizin. Der König erholte sich sofort und erlangte seine Gesundheit vollständig zurück. Überschwänglich dankte er dem Mönch, der ihn jedoch zurückwies und ihm erwiderte, er solle vielmehr dem Menschen danken, der dieses Opfer gebracht hatte. Daraufhin verschwand der Mönch spurlos.

Der König sah in allem, was sich zugetragen hatte, ein Zeichen des Himmels und machte sich mit seiner ganzen Familie auf den Weg, um den unbekannten Bodhisattva in der Ferne aufzusuchen und ihm zu danken. Als sie auf der Insel ankamen, erkannten der König und seine Frau ihre Tochter Miao-Shan.

Diese sagte zu ihnen: »Im Bewusstsein der Liebe meines Vaters habe ich ihm meine Augen und Arme als Dank gegeben.« Ihr Vater war zutiefst beschämt von ihrem reinen Herzen, dem Hass und Groll völlig fremd zu sein schienen – obwohl er seiner Tochter nach dem Leben getrachtet hatte –, und von ihrer konsequenten Opferbereitschaft, mit der sie wirklich allen Lebewesen Linderung im Leiden bringen wollte.

In diesem Augenblick begannen sich um Miao-Shan glückverheißend Wolken zu bilden; die Erde bebte, Blüten regneten vom Himmel herab, und hoch über allen erschien eine Manifestation der tausend Augen und tausend Arme eines himmlischen Bodhisattvas in Gestalt der Miao-Shan, die zwischen den Wolken schwebte. Und mit einem Mal war sie – und mit ihr alle Erscheinungen – wieder verschwunden.

Auf dieser Insel ließ der König am Ort der wunderbaren Ereignisse einen heiligen Schrein zu Verehrung des Bodhisattvas der Barmherzigkeit erbauen.

◇◇◇

Dies ist eine der Geschichten über den Ursprung der Kuan Yin, von denen es in China und in den anderen asiatischen Ländern zahlreiche Fassungen gibt, die alle etwas anders erzählt und ausgeschmückt werden. Im Grunde kreisen sie jedoch um ein Thema: In einer Zeit des Verfalls, der geistigen Dunkelheit und der menschlichen Blindheit erscheint ein himmelgleiches Wesen, das in der Gestalt einer jungen Frau »ganz normal« unter den Menschen lebt und zunächst lediglich aufgrund seines reinen Herzens und seiner gütigen Barmherzigkeit »auffällt«. Durch ihre bloße Existenz stellt diese Lebenshaltung alles Niedere, Gemeine oder auch nur das »Alltägliche« und »Normale« derart infrage, dass die herrschende Ordnung sich gezwungen sieht, den nicht ihr gemäß lebenden Menschen entweder wieder in das Korsett der Mittelmäßigkeit zu pressen oder aber auszulöschen. Dem widersteht diese Frau aufgrund ihrer inneren Reinheit und augenscheinlich auch durch die Hilfe himmlischer Kräfte. Sie entzieht sich den geltenden Normen und setzt ihr stilles Wirken zum Wohle des Lebens und aller Lebewesen fort. Als krönender Abschluss ihres Lebens erfolgt das persönliche

Opfer von Teilen ihres irdischen Körpers – als eindringliches Zeichen für die wahre Vergebung – und schließlich ihre Entrückung in die geistige Welt.

Dem irdischen Leben der Kuan Yin bzw. den Fragen, die es aufwirft – zum Beispiel, ob Kuan Yin eine ganz und gar »menschliche« Frau war, die zum Bodhisattva wurde, oder eine Göttin, die sich zeitweise hier auf der Erde inkarnierte –, wollen wir in den folgenden Kapiteln nachgehen.

# 1.
# Kuan Yin in den Religionen und Mythen Ostasiens

*Ein weiblicher Buddha, ein asiatischer Erzengel, eine große Göttin – entstanden aus einem männlichen Bodhisattva-Vorbild*

*In diesem Kapitel betrachten wir die Gestalt der Kuan Yin, wie sie dort gesehen wird, wo sie noch heute verehrt wird und sich lebendig entwickelt: in Asien. Ihre Eigenschaften und Wundertätigkeiten sollen beleuchtet werden sowie der religiöse Hintergrund von Karma und Reinkarnation, woraus Kuan Yin – dem Glauben nach– den Menschen befreien kann.*

Kuan Yin ist die Verkörperung einfühlsamer und liebevoller Güte. In den verschiedenen asiatischen Sprachen findet man für sie die Namen Quan Yin, Kannon, Kanzeon, Kwannon, Kanin und Quan'Am,

Gwan-eum, Gwanse-eum, Quan Âm oder Quan Thê Âm Bô Tát. Allein in Japan soll es mehr als 33 verschiedene Manifestationen von Kuan Yin geben.

Tempel, die ihr geweiht sind, stehen nicht nur in Japan und China, sondern auch in Korea, Burma, Laos, Kambodscha, Indonesien, Thailand, Vietnam und Singapur.

Ihre Bildnisse und Statuen findet man in buddhistischen genauso wie in taoistischen und konfuzianischen Tempeln.

Als »Bodhisattva des Mitgefühls« hört Kuan Yin das Rufen, das Weinen und die Schreie aller Wesen. Manche Forscher gehen davon aus, dass sie aus einer männlichen Buddha-Gestalt hervorgegangen sei (Avalokiteshvara, Buddha des Mitgefühls); andere sind der Ansicht, sie sei ursprünglich entweder weiblich oder androgyn gewesen. Zwischen Kuan Yin und sowohl der tibetischen Göttin Tara als auch der christlichen Marienfigur gibt es verblüffende Parallelen. Martin Palmer ist sogar der Ansicht, Kuan Yin sei erst während der Missionierung durch die Christen und nach dem Vorbild der Gottesmutter entstanden.

◇◇◇

Obwohl Kuan Yin vielfach als Göttin bezeichnet wird – als Göttin der Gnade, der Barmherzigkeit, der Liebe, als Schutzgöttin der Seefahrer und so fort –, ist sie doch keine Göttin im Sinne chaldäischer oder ägyptischer, indischer oder altpersischer, griechischer oder römischer, keltischer oder germanischer Vorbilder. Vielmehr kann man Kuan Yin als eine symbolische Gestalt verstehen, als »eine Inkarnation des Ewig-Weiblichen, des mütterlichen, schwesterlichen, fraulichen Stillens allen Leids – als Inbegriff aller Liebe.«*

Es gibt zahlreiche Tempel, Schreine, Altäre und andere öffentliche und private Anbetungsstätten, wo Kuan Yin verehrt und angerufen wird. Sie bleiben jedoch »ein rein menschlicher Begriff, auf höchste Ebene erhoben«.* Somit könnte man sie durchaus mit einer römisch-katholischen Heiligen vergleichen.

In Bildern und Statuen wird Kuan Yin sehr unterschiedlich dargestellt. Manchmal erscheint sie als »barfüßiges einfaches Mädchen mit einem Korb in der Hand und einem Fisch, den sie den Armen bringt. Ein anderes Mal ist sie die vornehme, prachtvoll gekleidete Frau mit einem Pfirsich, der ein langes Leben symbolisiert, oder einer stilisierten Lotosblüte in der Hand. Am häufigsten sieht man sie in einem einfachen Gewand, aufrecht stehend und die Arme leicht geöffnet zu einer segnenden oder besänftigenden Geste ...«*

Oft trägt Kuan Yin auch die Perlen der Erleuchtung, oder sie gießt aus einer Vase die Wasser des Lebens

*Fuchs: Der Wille der Kwan-Yin, S. 46 (siehe Anhang)

und des gütigen Erbarmens auf die Erde, um so Frieden, Wohlergeben und Liebe sprießen zu lassen. (Ein ähnliches Motiv zeigt übrigens die Karte 14 im Tarot, die Mäßigung.) Manche Darstellungen zeigen sie auch mit einer Garbe reifer Reisähren oder einer Schüssel mit Reissamen als Inbild für Fruchtbarkeit und Lebenserhaltung. (Das lässt an Demeter denken oder an die Karte 3 im Tarot, die Herrscherin.)

Der Drache, der in Asien (anders als in Europa) Spiritualität und Stärke, Weisheit und kosmische Kräfte der Verwandlung symbolisiert, ist ein weiteres Attribut, mit dem Kuan Yin des öfteren dargestellt wird.

Ihre Handhaltung in ihren Konterfeis weist bisweilen auf das Mudra der Yoni, des weiblichen Schoßes, hin, aus dem alles Leben in diese Welt tritt. Hier sind Bezüge zur »Großen Mutter« und dem universellen Archetyp des Weiblichen zu erkennen, außerdem zur Sophia, der »göttlichen Weisheit« des Alten Testaments, als der eigentlichen Weltschöpferin sowie zur jüdischen Schechina, dem Glanz der Gegenwart Gottes in der Welt, die sich in weiblicher Gestalt zeigt.

Wie Artemis ist diese jungfräuliche Heilige sowohl Göttin als auch zutiefst menschliche Frau und Beschützerin – vor allem von Frauen. Zahllose Überlieferungen berichten von sehr zu Herzen gehenden Wundern, die Kuan Yin gewirkt haben soll; von einigen werden wir später hören.

Kuan Yin wird oft auch dargestellt, wie sie auf einer Lotosblüte steht oder sitzt. Die Lotosblüte ist im

Buddhismus ein hoch verehrtes Symbol für Reinheit, weil die Lotospflanze aus dem Schlamm des Teiches emporwächst und über der Wasserfläche im Lichte der Sonne ihre vom sie umgebenden Schmutz unbefleckten Blüten entfaltet. Kuan Yins Gewänder sind meist weiß, lang und wallend. Häufig hält sie einen Rosenkranz bzw. eine Gebetskette (Mala) in der Hand, was ihre Hingabe an die buddhistische Weisheit ausdrücken soll. Ab und an umschließt eine Hand ein Buch, die Lotos Sutras, was auf ihren geistigen Urgrund hinweist.

Mitunter hält sie einen Weidenzweig, der die Gabe symbolisiert, biegsam und anpassungsfähig zu sein, ohne zu zerbrechen. Weidenzweige werden bekanntlich sowohl in schamanischen Ritualen als auch zu medizinischen Zwecken verwandt. (Aspirin ist eine synthetische Substanz, deren Herstellung durch Wirkstoffe in Weiden angeregt wurde.)

Wie Isis, die altägyptische Göttin, und Maria trägt Kuan Yin bisweilen ein Kind auf dem Arm und erinnert so an ihre Rolle als Schutzpatronin für Frauen, die sich Kinder wünschen.

Eine weitere Darstellung zeigt Kuan Yin mit tausend Augen und mit tausend Armen, die einige oder alle der oben genannten Gegenstände in den Händen halten. Die tausend Augen dienen Kuan Yin dazu, alle Wesen, die Not leiden, sehen zu können, die tausend Arme, allen helfen zu können. (In der anfangs erzählten Geschichte von Miao-Shan haben wir ja bereits erfahren, was es mit dem Motiv der tausend Augen und Arme auf sich hat.)

Zum Bild der Kuan Yin in Begleitung eines Pfaus, der sein farbenprächtiges Rad schlägt, gibt es eine hübsche Geschichte, die ich an dieser Stelle gern (allerdings ohne die vielen schönen Ausschmückungen, die es dazu in unterschiedlichen Fassungen gibt) wiedergeben möchte:

## Kuan Yin und ihr Pfau

Solange Kuan Yin auf der Erde weilte, herrschte Frieden und eine segensreiche Atmosphäre unter den Menschen und allen fühlenden Wesen. Sobald sie sich jedoch in die hohen Himmel und Sphären begab, um dort Wesen zu belehren und mit ihrer Barmherzigkeit zu segnen, brachen auf der Erde rasch Streit und Zwietracht aus. So kam sie immer wieder auf die Erde und ermahnte die Wesen, doch den frohen Einklang und die harmonische Gelassenheit zu bewahren, die sie erlebten, wenn Kuan Yin persönlich zugegen war. Die Menschen versprachen es zwar immer wieder, aber sobald Kuan Yin von ihnen ging, erhoben sich alsbald Probleme, und es kam zu Meinungsverschiedenheiten.

Schließlich erschien Kuan Yin erneut, zitierte alle Menschen und Tiere herbei, wählte einen unscheinbaren bräunlichen Vogel aus und sagte: »Diesem Vogel werde ich nun meine tausend Augen auf neuen, langen Federn verleihen. Jedes Mal, wenn er diese neuen Federn mit meinen Augen zum Rad schlägt, wisst ihr, dass ich bei euch bin und alles sehe, was geschieht. Das soll euch helfen, Frieden und Eintracht zu wahren.«

◇◇◇

# Kuan Yins indische und tibetische Ursprünge

Im Lotos Sutra heißt es:
*Weltgeehrter Herrscher und Vollkommener,*
*ich flehe dich an zu erklären,*
*warum dieser heilige Bodhisattva*
*als Kuan Shih Yin bekannt ist.* *

John Blofeld, der im Westen herausragende Kenner des Themas, hat zu der Frage, wer Kuan Yin war und wie ihre Legende sich entwickelt hat, eingehend geforscht. Da er 1987 verstorben ist und seine Bücher vergriffen sind, möchte ich an dieser Stelle einige seiner Überlegungen wiedergeben:

---

* Blofeld: Compassion Yoga, S. 38 (siehe Anhang)

Der Brite John Eaton Calthorpe Blofeld (geboren am 2. April 1913 in London, gestorben am 7. Juni 1987 in Bangkok) war ein akribischer Forscher, der sich ganz dem Denken und den Religionen Asiens widmete, insbesondere dem Taoismus und dem Buddhismus. Von 1933 bis 1939 lebte und reiste er in China, besuchte dort Klöster, sprach mit mongolischen Lamas, Zen-Meistern, taoistischen Weisen und zahlreichen Menschen aus dem Volk, die Religion und Riten, Glauben und Frömmigkeit im Alltag lebten. Blofeld wohnte auch eine Zeit lang in Peking und reiste außerdem durch Tibet, Indien und Burma. Er verbrachte Lehrzeiten bei Eremiten und Meistern und erlebte die »alten Religionen« und ihre Praxis noch vor dem »roten Sturm« der chinesischen Kommunisten und ihrer sogenannten Kulturrevolution. Blofeld wurde Schüler des Meisters Hsu Yün und erfuhr eine Ausbildung im Zen (Ch'an) in einem Kloster bei Kunming in der Provinz Yünnan. Außerdem wurde er auch in Vajrayana-Lehren unterwiesen.

Blofeld beschäftigte sich besonders mit der Frage, wie sich ein weiblicher Bodhisattva in einer ansonsten von Männern dominierten chinesischen Religionswelt entwickeln konnte. Seine Überlegungen hierzu möchte ich im Folgenden kurz erläutern:
Aus Indien kamen buddhistische Sutras nach China, in denen metaphorisch berichtet wird, wie die verschiedenen Bodhisattvas »entstanden« sind. So heißt

es beispielsweise, dass dem rechten Auge des Buddha Amitabha ein Lichtstrahl entsprang, aus dem wiederum der Bodhisattva Avalokiteshvara (oder Avalokita), der eine Lotusblüte in der Hand hielt, wundersam geboren wurde. Sobald dieser auf der Welt war, brachte er die Silben *Om Mani Padme Hum* hervor.

Blofeld geht davon aus, dass dies eine poetische Umschreibung dafür sei, dass Avalokita eine sekundäre Emanation, eine zweite Ausstrahlung der Energie des Mitgefühls, sei und dass mit dem Mantra *Om Mani Padme Hum* diese Energie invoziert, also herabgerufen, werden sollte. *Om Mani Padme Hum* kann als »Oh du Juwel in der Lotusblüte« übertragen werden. Damit ist in der Regel die unsichtbare spirituelle Essenz des Seins gemeint und nicht etwa eine Blume oder gar ein irdischer Edelstein.

Avalokita wurde vor allem in Nordindien, während dessen buddhistischer Periode, weithin verehrt. Sein Ruf verbreitete sich, wie der Buddhismus selbst, weiter nach Norden, zunächst nach Tibet; dies geschah durch Padma Sambhava, den »lotusgeborenen Weisen«. Der Avalokita-Bodhisattva galt den Tibetern schon bald als tibetische »Obergottheit«, als der irdische Repräsentant des Buddha und als Hüter der heiligen spirituellen Lehren bis zur Ankunft des erwarteten Maitreya-Buddha.

Das Mantra *Om Mani Padme Hum* wurde zum zentralen Gebet der Tibeter.

In Tibet wurde dieser Bodhisattva der Barmherzigkeit

und Güte nie in weiblicher Form dargestellt. (Blofeld berichtet, dass ihm der Dalai-Lama gesagt habe, dass dies aus tibetischer Sicht auch unrichtig wäre.)

Im ersten Jahrhundert n. Chr. erreichte die Verehrung des Avalokita China. Auch dort wurde dieser Bodhisattva nicht als weiblich vor- bzw. dargestellt. Die chinesischen Pilger Fa Hsien und Hsüan Tsang, die Indien im fünften und im siebten Jahrhundert bereisten, berichten, weder in China noch in Indien weibliche Darstellungen von ihm vorgefunden zu haben.

Doch bereits im zwölften Jahrhundert gab es sowohl in China als auch in Japan (und in manchen anderen ostasiatischen Ländern mit Ausnahme von Tibet, der Mongolei und Kambodscha) überwiegend weibliche Bilder und Statuen des Bodhisattva. Blofeld stellte fest, dass diese »Verwandlung« in China selbst stattgefunden hat, und zwar zwischen dem achten und elften Jahrhundert.

Er schreibt, dass es gut nachvollziehbare Gründe gebe, Mitgefühl, Mitleid, Barmherzigkeit, Güte, »Hilfe in der Not« und alle anderen Eigenschaften, die mit Avalokit/Kuan Yin in Verbindung gebracht werden, anhand einer weiblichen Gestalt darzustellen, und dass es emotional leichter sei, eine weibliche Himmelsgestalt um Vergebung, Gnade und Segen anzurufen.

Allerdings reiche, laut Blofeld, diese psychologische Erklärung nicht aus. Er weist darauf hin, dass alle

377 Inkarnationen des Avalokit männlich waren, obwohl es im oben zitierten Sutra heißt, dass dieser Bodhisattva die Fähigkeit hatte, auch eine weibliche Gestalt anzunehmen.

Blofeld fasst das Dilemma wie folgt zusammen:

- Gemäß den Lehren ist die Gestalt des Avalokitas ursprünglich eindeutig männlich.
- Kuan Yin wird seit mittlerweile rund einem Jahrtausend als weiblich dargestellt.
- Und doch sind »Avalokita« und »Kuan Yin« der indische bzw. der chinesische Name für ein und dasselbe Himmelswesen.

Wie passt das zusammen? Blofeld führt aus, dass es berechtigte Gründe zu der Annahme gibt, dass Kuan Yin die chinesische »Übertragung« der tibetischen »Göttin« Tara ist, die wiederum als eine dritte Verkörperung der Energie der Barmherzigkeit gilt. So wie Avalokita aus einem Lichtstrahl des rechten Auges des Buddha Amitabha hervorgegangen sein soll, wurde Tara der Überlieferung nach aus einer Träne des Avalokita geboren, die er aus Kummer über die Leiden der Welt vergoss. In Indien und Tibet ist Tara weithin bekannt; in China gab und gibt es hingegen kaum Bilder und Statuen dieser »tibetischen Göttin«.

Blofeld schreibt: »Aus religiösen Gründen konnten chinesische Buddhisten kaum die Verehrung des Bodhisattva Avalokita ablehnen; aber da die Ausgestaltungen der Gottheiten von den Übermittlern und Künstlern abhingen, konnte es keinen Widerstand dagegen geben, sich Avalokita in einer Form vorzustellen, welche der Tara glich. Und wenn man eine solche (weibliche) Gestalt dann schon hatte, warum sollte man daneben eine zweite (männliche) benötigen? So wurden die beiden eins und bereiteten den Weg für die Assimilation der Prinzessin Miao Shan – als ein mitfühlendes Wesen im Range einer Göttin.«*

Kuan Yin wäre demnach die chinesische Form des Bodhisattva der Barmherzigkeit nach dem Vorbild der tibetischen »Göttin« Tara.

◇◇◇

# Die 42 wichtigsten Embleme von Kuan Yin

John Blofeld hat in seinem Buch über Kuan Yin die 42 typischen und wesentlichen Embleme, Symbole, Zeichen und Insignien der Kuan Yin zusammengestellt.** Dabei sollte man bedenken, dass Kuan Yin oft mit tausend Augen und Armen dargestellt wird, so dass durchaus auch alle Handhaltungen, Embleme

---

*Blofeld: Compassion Yoga, S. 41 (siehe Anhang)
**Blofeld schreibt dazu, dass er diese Liste einer chinesischen Ausgabe des »Heart of Dharani of Great Compassion Sutra« entnommen habe; Blofeld: a.a.O., S. 151 ff.

und Symbole auf ein und derselben ikonographischen Darstellung zu finden sein können.

1. Der Juwel, der alle Wünsche erfüllt bzw. für die Verwirklichung aller sinnvollen (!) Wünsche steht.

2. Ein Seil, mit dem Kuan Yin alle negativen Umstände fesselt.

3. Eine juwelenbesetzte Schale, in der Heilmittel für sämtliche Krankheiten enthalten sind (was einen unwillkürlich an den heiligen Gral denken lässt).

4. Ein Schwert, mit dem sich die Wassergeister beherrschen lassen.

5. Ein Vajra (zweiköpfiges Szepter wie man es aus Tibet kennt; manchmal fälschlicherweise »Donnerkeil« genannt), mit dem sich Dämonen unterwerfen lassen.

6. Ein Vajra-Dolch, der Feinde zur Kapitulation bewegt.

7. Eine ausgestreckte Hand, deren Finger nach oben weisen (so dass sie einer Schale gleichen), wodurch sich Furcht bezwingen lässt.

8. Eine Sonnenscheibe mit einem Vogel, welche die Dunkelheit verbannt.

9. Eine Mondscheibe mit einem Kaninchen, welche Gift unschädlich macht.

10. Ein Bogen, der eine besondere Laufbahn beschreibt.

11. Ein Pfeil, der Freunde einander näherbringt.
12. Ein Weidenzweig, der Krankheit vertreibt.
13. Eine weiße Bürste oder ein Staubwedel in Form einer Stofffahne, welche die »Härten des Lebens« verbannen.
14. Eine Vase des »langen Lebens«, die symbolisch für all das steht, was tugendhaft und liebevoll ist.
15. Ein Tablett mit einem Drachenkopf, mit welchem sich wilde Tiere bezwingen lassen.
16. Eine Axt, die für Schutz vor einer Herrschaft steht, welche die Menschen unterwirft und unterdrückt.
17. Ein Jade-Armreif (der eher eine dreieckige Form hat), durch den sich Söhne und Töchter für den Dienst an ihren Eltern gewinnen lassen.
18. Ein weißer Lotus, der auf die Erlangung von Verdiensten hinweist.
19. Ein blauer Lotus, der die Wiedergeburt im »Reinen Land« symbolisiert.
20. Ein kostbarer Spiegel, der für Weisheit steht.
21. Ein purpurner Lotus, der darauf hinweist, dass dieses Wesen die Bodhisattvas erfahren wird.
22. Eine juwelenbesetzte Obstschale als Hilfe, Fallgruben zu entkommen.
23. Eine fünffarbige Wolke als Symbol für das Beschreiten des Weges der Unsterblichen.
24. Eine Wasserflasche, die auf der Hand ruht; sie ermöglicht eine Wiedergeburt in einem Brah-

ma-Loka (eine hohe spirituelle Ebene; ähnlich der »Kausalebene«).

25. Ein roter Lotos, der die Wiedergeburt in einem Deva-Loka ermöglicht (eine höhere spirituelle Ebene, »konkreter« als Brahma-Loka).

26. Eine Hellebarde, mit der sich der Unaufrichtigkeit von Menschen entgegenwirken lässt.

27. Eine Conch-Muschel (»Seeschnecke« oder Schneckenmuschel, die auch als Muschelhorn verwendet wird), um Devas (»Götter«) und wohlgesinnte Geister herbeirufen zu können.

28. Eine Keule, die Geister zu beherrschen.

29. Ein Rosenkranz, mit dem die »Buddhas der Zehn Richtungen« rasch zu Hilfe und Beistand herbeigerufen werden können (so auch, um ein Wesen in einem Reinen Land willkommen zu heißen).

30. Eine Glocke mit einem Vajra, mit der sich wundersame musikalische Klänge und Wirkungen erzeugen lassen.

31. Ein kostbares Siegel zur Erlangung der Gabe der Redekunst.

32. Ein Haken, mit dem sich der Schutz wohlgesinnter Devas und Drachenkönige bewirken lässt.

33. Der Stab eines Mönches, an dessen Ende sich eine Eisenspitze befindet, als Zeichen für den mitfühlenden Wunsch, andere zu beschützen.

34. Zwei einander zugewandte Hände, deren Handflächen sich jedoch nicht berühren; dies bringt

die Fähigkeit zum Ausdruck, alle fühlenden Wesen zu achten und zu lieben.

35. Eine Buddha-Figur, die von einem Heiligenschein umgeben ist und auf einem Lotos sitzt; dies zeigt an, dass dieses Wesen viele Leben hintereinander an der Seite der Buddhas verbracht hat.

36. Ein palastartiger Pavillon als Zeichen dafür, dass man Leben auf Leben im Palast der Buddhas wohnt.

37. Ein kostbares Buch als Symbol dafür, dass große Gelehrsamkeit erworben werden kann.

38. Ein goldenes Rad, das darauf hinweist, dass von diesem Leben an das »Rad der Erleuchtung« niemals aufhören wird, sich zu drehen, bis die Buddhaschaft erlangt ist.

39. Zwei Hände, deren Handgelenke aneinandergelegt sind, wobei die Finger fast horizontal nach links und rechts außen weisen; darüber schwebt eine Buddha-Figur, was die Gabe symbolisiert, die »Buddhas der Zehn Richtungen« anzurufen, um Ermächtigung zu erlangen und sicheren Erfolg bei Streben nach Erleuchtung vorauszusagen.

40. Weintrauben als Zeichen für eine reiche Ernte von Feldfrüchten und Obst.

41. Eine offen gehaltene Hand, deren Finger nach unten weisen. Aus der Mitte der Innenfläche rinnt der Nektar der Weisheit und des Mitgefühls (der auch »süßer Tau« genannt wird), durch den Hunger und Durst gestillt werden.

42. Die rechte Hand ruht, mit der Handfläche nach oben, in der linken Hand; so kommt die Kraft zum Ausdruck, rachsüchtige Geister in den zahllosen Universen zu unterwerfen.

## Heilige, Bodhisattva, Göttin?

War Prinzessin Miao-Shan eine junge Frau, die zur Heiligen wurde? Oder war sie eine Heilige von Geburt an? War sie ein Himmelswesen, ein weiblicher Bodhisattva, und inkarnierte aus Mitgefühl wieder als Mensch? Ist sie das, was wir einen Erzengel nennen würden? Und ist es letztlich überhaupt von Bedeutung, was sie ist?

John Blofeld hat immer wieder darauf hingewiesen, dass die meisten Menschen in Asien, die Kuan Yin verehren, keinen Unterschied zwischen einem Bodhisattva und einer Gottheit machen. Er berichtet von Begegnungen mit einfachen und mit gelehrten Menschen, die ihn immer wieder auf die Frage gebracht hatten, was Kuan Yin eigentlich sei.

Schließlich kam er zu dem Schluss, dass jede Kategorisierung einerseits legitim ist, wenn sie Menschen hilft, einen besseren Zugang zu einem Idol oder Ideal, zu einem Ritual oder einer Glaubenspraxis zu erlangen bzw. menschliche und spirituelle Werte im Alltag zu verwirklichen. Andererseits erweisen sich Kategorien oft als Hindernisse, als mentale Blockaden, die rational analysiert werden und damit die unmittelbare Erfahrung einer Wirklichkeit, das Erspüren von Ebenen und Kräften, die jenseits des Denkens und der Dogmen liegen, verhindern.

Natürlich kann auch ich nicht klären, was Kuan Yin »wirklich« ist.

Wesentlicher scheint mir auch die Frage, welche Art von Beziehung wir zu einem geistigen Vorbild aufbauen. Dient es der Inspiration, dem Trost, dem Ansporn? Manchmal werden wir im Außen danach suchen – auf Pilgerreisen und an Wallfahrtsorten, an Altären, Schreinen und in Höhlen, in Statuen, Bildern und Amuletten. Andere Male werden wir in uns selbst suchen – und vielleicht auch etwas finden. Muss Christus, muss Maria nicht erst in uns geboren werden, bevor wir sie in unserem Leben erfahren können? Muss Kuan Yin mitsamt ihrer Schwingung und Kraft, ihrer Liebe und Güte, ihrer Barmherzigkeit und bedingungslosen Zuwendung und Hilfe nicht erst in uns entdeckt und erspürt werden, bevor diese Energie in unserem Alltagsleben und auf unserem spirituellen Weg eine entscheidende Rolle spielen kann? Oder ist beides – außen und innen, Statuen und Amulette sowie Imaginationen und geistige Vorbilder – so miteinander verflochten, dass auch diese Erörterung mehr verwischt als klärt?

Manchen Menschen ist Kuan Yin eine gute Freundin, anderen eine Lehrerin, eine Retterin in höchster Not oder Erlöserin der Seele. Auf jeden Fall kann Kuan Yin für uns Menschen heute als ein inspirierendes Symbol von Frieden und Liebe dienen und uns helfen, die notwendige Erneuerung in uns selbst und in der Welt zu meistern.

Hier möchte ich nun drei typische Geschichten aus dem frühen China folgen lassen, welche das wundertätige Wirken von Kuan Yin beschreiben.

# Kuan Yin rettet

Diese hier nacherzählten Berichte von Wundern Kuan Yins stammen aus einer Zeit, in der Kuan Yin noch als ein männlicher Heiliger bzw. Bodhisattva betrachtet wurde, ein Aspekt des barmherzigen Avalokiteshvara. Deshalb wird hier im Zusammenhang von Kuan Yin in der männlichen Form gesprochen.*

## *Rettung vor Feuer*

Während der Herrschaft der Chin vor dem Jahre 300 lebte in Loyang ein gewisser Chu Ch'ang-shu. Er glaubte voller Ergebung an den Buddha und liebte

---

Siehe auch Chün-fang Yü: Kuan Yin; S. 163, 168, 176.

es, das Kuan-shis-yin-Sutra zu rezitieren. Eines Tages fing das Haus seines Nachbarn Feuer. Chus Haus lag genau dort, wo der Wind das Feuer hinblies. Er erkannte, dass er das Haus verlieren und auch nur sehr wenige Besitztümer daraus würde retten können. Er erinnerte sich, dass es im Kuan-Yin-Sutra heißt:

»Wenn man von Feuer bedroht wird, rufe man den Bodhisattva an.«

Seiner Familie sagte er, dass sie nicht versuchen sollten, Dinge aus dem Haus zu retten oder das Feuer zu löschen, sondern mit ihm gemeinsam hingebungsvoll das Kuan-Yin-Sutra singen sollten. Das Feuer verschlang das Haus des Nachbarn und loderte weiter. Als es an den Zaun seines Hauses kam, drehte der Wind jedoch plötzlich, und das Feuer erlosch. Alle Anwesenden nahmen dies als deutliches Zeichen für ein wundersames Eingreifen Kuan Yins.

Einige junge Tunichtgute aus der Nachbarschaft wollten das aber nicht glauben, hielten die Drehung des Windes für reinen Zufall und machten sich öffentlich über die einfältige Frömmigkeit von Chu und seiner Familie lustig. Sie beschlossen, an einem trockenen, warmen Tag das Dach mit Feuerfackeln anzuzünden, und nur wenn das Haus der Familie von Chu dann nicht niederbrannte, wollten sie an ein Wunder glauben. Drei Mal machten sie sich daran, nachts heimlich Brand zu legen, drei Mal erloschen ihnen die Fackeln aber in den Händen, sobald sie zum Dach kamen. Voller Angst liefen sie schließlich fort. Am nächsten Tag kamen sie zu Chu, um dessen Vergebung zu erbitten.

Er antwortete: »Ich habe keinerlei eigene Kräfte. Ich habe nur Kuan Yin angerufen und über ihn meditiert. Seine majestätische Barmherzigkeit hat uns beschützt. Ihr solltet seine Verzeihung erflehen.«

Diese Geschichte machte die Runde in der Nachbarschaft und verbreitete sich allmählich weithin. Viele Menschen staunten über die Begebenheiten und fanden ebenfalls zur Verehrung Kuan Yins.

## Rettung aus Gefangenschaft

To Chuan war um das Jahr 350 ein Beamter in den Diensten von Kao Ch'ang, dem Gouverneur der heutigen Provinz Shansi. Im Verlauf einer Fehde seines Gouverneurs mit Lü Hu, dem Gouverneur einer angrenzenden Provinz, wurde To von Lüs Leuten gefangengenommen und mit sechs oder sieben anderen Genossen in einem Gefängnis eingekerkert. Sie sollten in der folgenden Woche hingerichtet werden. Im Lager von Lü war ein Mönch, der To aus alten Tagen kannte. Der Mönch sprach mit ihm durch die Zellentür, und To bat um Hilfe. Der Mönch antwortete, dass jetzt nur noch der Bodhisattva Kuan Yin helfen könne. Wenn To sich sammeln und konzentrieren könnte und aufrichtig zu Kuan Yin betete, dann würde er rasch eine Antwort erhalten, wie er zu retten sei. Drei Tage und drei Nächte lang meditierte und betete To andächtig zu Kuan Yin. Am dritten Tag bemerkte er, dass sich seine Ketten gelockert hatten; als er seine Hände und Füße schüttelte, fielen sie völlig von ihm ab.

Nun betete To zum Bodhisattva: »Meine Ketten sind abgefallen; bitte errette aber auch meine Genossen. Du, Kuan Yin, rettest alle und überall!«

Nach diesem Gebet berührte To seine Genossen, deren Ketten nun ebenfalls abfielen. Sie konnten die Zellentür öffnen und – von den Wachen unbemerkt – aus dem Gefängnis entkommen. Sie marschierten einige Meilen und fielen dann erschöpft ins hohe Gras. Der Trupp, der nach ihrer Flucht ausgeschickt worden war, um sie zu suchen, durchkämmte das ganze Gebiet, ließ aber die Stelle, an der sie lagen, unbeachtet. Die Flüchtlinge erreichten sicher ihre Heimatorte, wurden zu aufrichtigen Anhängern Kuan Yins und erwiesen dem Buddhismus fortan große Ehrerbietung. Der Mönch wanderte später nach Süden und erzählte dem Hsich Fu davon, der diese und andere Geschichten sammelte und überlieferte.

### Rettung vor der Hinrichtung

Eine dritte wundersame Geschichte ereignete sich wohl um das Jahr 535. Ein gewisser Sun Ching-te wurde gefangen gesetzt und sollte hingerichtet werden. Sun richtete sein hingebungsvolles Gebet an eine Ikone von Kuan Yin und tat dies über eintausend Mal. Als der Scharfrichter ihn mit einem langen Messer hinrichten wollte, brach dieses in drei Teile. Der Scharfrichter nahm ein anderes Messer, das ebenfalls zerbrach. Als dies ein drittes Mal geschah, wurde Sun begnadigt, und Kao Huan, der damalige Herrscher der westlichen Provinz, veranlasste, dass die Anbetung des Bodhisattva Kuan Yin Verbreitung erfuhr.

Über solche Rettungen vor dem sicheren Tod durch Hinrichtung gibt es in China bzw. in ganz Asien zahlreiche Erzählungen. Oft spielt dabei ein kleines Kuan-Yin-Amulett, das im Haar getragen wurde, eine Rolle. Der Hieb des Scharfrichters ließ zwar einen metallischen Klang ertönen, Nacken und Haupt des Opfers blieben aber unverletzt. Lediglich die Abbildung auf dem Amulett selbst trug am Hals die Spuren von Kratzern oder Hieben.

Ähnliche wundersame Errettungen wurden und werden auch einer anderen weiblichen Himmelsgestalt zugeschrieben, die in unseren westlichen Kulturen und Religionen beheimatet ist: Maria. Um sie, um die geheimnisvolle Sophia und die mögliche Rolle Marias als Vorbild für die Umwandlung des männlichen Bodhisattva Kuan Yin zu einer weiblichen Figur geht es im nächsten Kapitel.

# 2.

# Kuan Yin, Maria und Sophia

*Ein Vergleich der Mutterfiguren*

◇◇◇◇◇◇

*Spannende Parallelen und herausfordernde Thesen zeigen, dass Kuan Yin und Maria wesensverwandt sind und dass eine Anbetung Marias die Verehrung Kuan Yins nicht ausschließt – und umgekehrt.*

◇◇◇◇◇◇

Denken wir an berühmte Marienwallfahrtsorte in Europa, wie Lourdes, Fatima, Loreto, Medjugorje, Einsiedeln, Altötting, Kevelaer, Großgmain, Maria Zell, Sainte Marie de la Mer, Guadelupe oder Tschenstochau, so wird deutlich, dass auch in unseren Breiten eine weibliche »göttliche« Gestalt verehrt wird. Hinsichtlich ihrer Anziehungskraft, Beliebtheit und der Anzahl der Wunder, die auf sie zurückgeführt werden, steht sie Kuan Yin in nichts nach. (Selbstverständlich ist mir bewusst, dass Maria aus der Sicht mancher katholischer Dogmatiker vermutlich »über« Kuan Yin steht, aber »Rangfragen« brauchen uns hier ja nicht weiter zu beschäftigen.)

Der Dichter Novalis hat auf unnachahmliche Weise etwas über Maria geschrieben, das sicher auch für Kuan Yin gelten darf:

# Maria

*Ich sehe dich in tausend Bildern,*
*Maria, lieblich ausgedrückt,*
*doch keins von allen kann dich schildern,*
*wie meine Seele dich erblickt.*
*Ich weiß nur, dass der Welt Getümmel*
*seitdem mir wie ein Traum verweht,*
*und ein unnennbar süßer Himmel*
*mir ewig im Gemüte steht.*

NOVALIS

Einige wesentliche Eigenschaften bzw. Fähigkeiten, die Maria ausmachen oder ihr im Laufe der Jahrhunderte von Mystikern und Künstlern, von Kirchenleuten und Philosophen zugeschrieben, vielleicht sogar – mangels anderer Gestalten – in sie hineinprojiziert wurden, sind:

- gütige Barmherzigkeit,
- Fürsprache bei Gott,
- sanfte Mütterlichkeit,
- Hilfe in Not,

- Begleitung in der Todesstunde,
- Liebe in Form von Agape, also geistige Liebe schlechthin.

Kuan Yin und Maria ist sowohl in der ikonographischen Darstellung (also der Weise, wie sie auf Bildern und Statuen erscheinen) als auch in der theologischen Definition ihrer Eigenschaften bzw. Fähigkeiten ein eigentümlicher Wesenszug gleich: die Abwesenheit von Sexualität. Ob es nun die Jungfrauengeburt bei Maria ist oder die Ablehnung jeglicher Verbindung mit einem Mann bei Kuan Yin: Sexualität – oder auch nur Anklänge daran – würde offenbar das Bild der Reinheit zu stark trüben oder einer göttlichen Überhöhung entgegenstehen. Das ist auch insofern bemerkenswert, als im hinduistischen Götterpantheon (dem Kuan Yin ja im weitesten Sinne entstammt) mit Shiva und Shakti und dem Weg des Tantra durchaus auch sinnliche Freuden Teil erleuchteter Lebensweise sein können. Und in Maria, die in vielen Darstellungen der Isis mit deren Sohn Horus nachempfunden (einer Isis, die sich ganz selbstverständlich mit einem Gemahl verband) und auch vor dem Hintergrund der griechischen Götterwelt (mit deren durchaus genussfreudigen Gestalten) zu sehen ist, steckt genau genommen doch ebenfalls viel mehr als nur die sogenannte Reinheit.

In Maria ist die vielgestaltige Göttin zunächst all ihrer vermeintlich dunklen Seiten entledigt worden (vgl. S. 68) – womit es in männlich dominierten Kulturen offensichtlich ungefährlich geworden ist, die Göttin als solche anzubeten.

Nicht umsonst heißt Maria im Volksglauben und in manchen liturgischen Texten aber die »Muttergottes«. Die »Lauretanische Litanei« preist Maria sogar mit diesen Worten:

*Heilige Gottesgebärerin, Heilige Jungfrau aller Jungfrauen, Mutter der göttlichen Gnade, Du reinste Mutter, Du liebliche Mutter, Du Mutter des guten Rates, Du Mutter des Schöpfers, Du Mutter des Erlösers, Du Spiegel der Gerechtigkeit, Du Sitz der Weisheit, Du Ursache unserer Freude, Du geistliches Gefäß, Du ehrwürdiges Gefäß, Du vortreffliches Gefäß der Andacht, Du geistliche Rose, Du Turm Davids, Du elfenbeinerner Turm, Du goldenes Haus, Du Arche des Bundes, Du Pforte des Himmels, Du Morgenstern, Du Heil der Kranken, Du Zuflucht der Sünder, Du Trösterin der Betrübten, Du Helferin der Christen, Du Königin der Engel, Du Königin der Patriarchen, Du Königin der Propheten, Du Königin der Apostel, Du Königin der Märtyrer, Du Königin der Bekenner, Du Königin der Jungfrauen, Du Königin aller Heiligen ...*

(Die vollständige Fassung ist im Anhang zu finden.)

»Du goldenes Haus« geht wohl auf ägyptische religiöse Vorstellungen zurück; »Du Arche des Bundes« ganz offensichtlich auf jüdische; und im »Gefäß« sehen wir symbolisch natürlich auch die Frau bzw. das Weibliche an sich.

Eine »Variante« der Maria finden wir in den weitverbreiteten schwarzen Madonnen. Es ist immer noch umstritten, ob die Schwärzung der Madonnenfiguren auf Alterung und Kerzenruß zurückzuführen ist, ob man die Holzfiguren zeitweise in der Erde vergrub, um sie zu verstecken, oder ob sie nicht ganz absichtlich als »dunkle Madonna« geschaffen wurden, um der »großen Göttin«, die weit über jede enge dogmatische Sicht der »jungfräulichen Maria« und dergleichen hinausgeht, eine Reverenz zu erweisen. Manche Forscher weisen zu Recht auf die Parallelen zwischen den schwarzen Madonnen und der Darstellung der indischen Göttin Kali hin, die fast immer schwarz ist.

Sicher sind auch Maria Magdalena und die Schwestern Martha und Maria biblische Gestalten, die zum Kreis der Maria gehören. Maria Magdalena ist eine sehr »erdige« Figur; man könnte sie vielleicht die religiös nicht-überhöhte Seite der Muttergottes nennen. Viele gehen (und das schon lange vor Dan Brown und auch vor Baigent, Lincoln und Leigh\*) davon aus, dass sie die Frau Jesu gewesen sei.

---

\* Dan Brown: Der da Vinci Code; Baigent, Leigh, Lincoln: Die Erben des Grals

Zum Gleichnis der Martha und ihrer Schwester Maria hat Meister Eckehart eine ganz eigene Deutung gegeben, in der die tatkräftige und dem Leben zugewandte Martha den Vorzug erhält vor der passiv-kontemplativen Maria. Beide, Martha und Maria, stellen die legitime »menschliche« Seite der Maria dar.

Die Schattenseite einer missverstandenen Marienverehrung, in der diese allzu sehr zum Idol verklärt wird – und mir scheint das Gleiche auch für eine unkritische Verehrung einer überhöhten Kuan-Yin-Projektion zu gelten –, kann in einer Neigung zur Weltflucht bestehen. In einer solchen werden Akzeptanz und Integration von irdischer Verantwortung und irdischer Lebensfreude unterdrückt oder verdrängt. (Mehr zur Frage nach der Ausklammerung oder Unterdrückung von Sexualität im Zusammenhang mit Maria, Kuan Yin und ähnlichen »Himmelswesen« im 3. Kapitel.)

Dass die überirdische, ja kosmische Gestalt einer idealisierten Maria aber auch heutzutage wieder eine enorme Rolle spielt, zeigen die in jüngerer Zeit erneut auftretenden Marienerscheinungen, die lebendige Marienverehrung und die bereits erwähnten Marienwallfahrten.

Die Gestalt der Frau als göttlicher Beschützerin, Trösterin und Fürsprecherin, die Leben sowohl schenken als auch vollenden kann, finden wir übrigens nicht nur in christlich und buddhistisch geprägten Kulturen und Religionsformen, sondern auch in manchen indianischen Mythen. Dort tritt diese weibliche Gestalt als White Buffalo Woman auf.

Wo in unserer eigenen Seele entdecken wir Maria oder eine der Eigenschaften, die sie symbolisiert? Wie können wir diese Qualitäten stärken und im alltäglichen Umgang mit unseren Mitmenschen besser zur Geltung bringen? Die Gestalt der kosmischen Maria ist eine Herausforderung, ihre Energie durch unser Fühlen, Denken und Handeln sichtbar werden zu lassen.

Eine Anmerkung: In einer vermeintlich aufgeklärten Zeit fällt es manchen Menschen schwer, Maria unabhängig von Kirchendogmen zu sehen; andere halten es geradewegs für altmodisch, sich überhaupt mit ihr zu beschäftigen. Ihnen allen würde ich wünschen, dass sie sich auf den Zauber der Maria – zumindest probeweise – einlassen.

Marienwallfahrtsorte sind bekanntlich oft an sogenannten »Kraftorten« entstanden, die in vorchristlicher Zeit meist der keltischen oder römischen Muttergöttin geweiht waren oder als Quellheiligtum eine besondere Ausstrahlung hatten. Wenn wir die zahlreichen Stätten der Marienverehrung in einem umfassenden Sinn als »Kraftorte der Großen Mutter« erspüren, weit über kirchlich-dogmatisierende Definitionen hinaus, dann werden auch Menschen, die sich nicht der katholischen Konfession zurechnen, an

solchen Plätzen eine wesentliche und seelisch berüh-
rende Inspiration erfahren können.

## Botschaften Marias

Öffne dein Herz. Dieses Wunder des Herzens ist
vielleicht das größte: Auch wenn dein Herz schon
viele Male gebrochen wurde, so kann es doch immer
wieder aufs Neue erfüllt werden und Liebe aussen-
den. Der amerikanische Psychologe Chuck Spezzano
hat die Öffnung und Heilung des Herzens oft beschrieben und vielfach erlebbar gemacht.* Öffne also
dein Herz für andere Menschen, denen es noch viel
schlechter geht als dir, die noch viel mehr Zuwendung und Hilfe brauchen als du. Jedes Mal, wenn du
einem anderen Lebewesen aufrichtigen Herzens hilfst
– gleich, wie gut oder schlecht es dir gerade geht –,
wirst du erleben dürfen, wie dein eigenes Herz stärker
wird, friedvoller, liebevoller. Der Kirchenlehrer Au-
gustinus hat einmal gesagt: »Ruhlos ist mein Herz,
bis es ruht in Dir, o Gott«. Auf dem Weg dorthin ist
die Öffnung des Herzens für den Nächsten eines der
besten Heil- bzw. Hilfsmittel.
Trost, Gnade und Barmherzigkeit sowie sanfte Liebe
sind heilsame Eigenschaften der kosmischen Maria.

---

* Zum Beispiel in »Karten der Heilung« und »Es muss doch einen
besseren Weg geben« (siehe Anhang)

Daher beten viele Katholiken: »Heilige Maria, Mutter Gottes: Bitte für uns arme Sünder, jetzt und in der Stunde unseres Todes. Amen.« Sprich doch auch einmal dieses Gebet, auch wenn du meinst, nicht religiös oder gläubig zu sein. Du kannst vielleicht auch den Namen Kuan Yins in dieses Gebet mit hineinnehmen und erspüren, ob und was sich dadurch für dich verändert: Vielleicht wird etwas weiter, größer, umfassender oder heller?

## Sophia

Weisheit, Wissen, Unsterblichkeit, erstes Wesen, Weltseele – das sind Begriffe, die den Archetyp und Mythos der Sophia umschreiben. Die Sophia ist die weibliche Verkörperung dessen, was wir (meist in der männlichen Sprachform) als »Heiligen Geist« bezeichnen. Sie ist das erste von Gott geschaffene »Wesen«. Aus ihr geht, nach der Deutung mancher Forscher, erst die Welt hervor. Insofern ist sie dem WORT aus dem Prolog des Johannesevangeliums gleichzusetzen – oder mit ihm sogar identisch. In der Schöpfungsgeschichte heißt es, dass »der Geist Gottes über dem Wasser« schwebte, womit im Grunde eine frühe Form der Sophia gemeint ist. Das biblische »Buch der Weisheit« teilt mit: »Ich will verkünden, was die Weisheit ist und wie sie wurde, und will euch kein Geheimnis verbergen. Ich will ihre Spur vom Anfang der Schöpfung an verfolgen.« (Weish 6,24)

Vieles von der Figur der Sophia ist in die der Maria übergegangen. Man könnte sagen, dass Maria eine sichtbare, verkörperte Sophia ist – und umgekehrt: dass Sophia die geistig-schöpferische, formlose Kraft ist, die durch Maria wirkt.

Offensichtlich bestehen zwischen Sophia und Maria, aber auch zwischen Sophia und Lilith (siehe S. 68), Isis und einigen mehr Überschneidungen und wechselseitige Bezüge. Im Judentum entspricht der Sophia die Schechina, der Glanz oder sogar die geistige Verkörperung (ja, das ist paradox) Gottes, der allezeit in der Welt gegenwärtig ist, jedoch selten erkannt und ins Herz eingelassen wird.

Wir stehen womöglich am Begin eines »sophianischen« Zeitalters. Goethe hat es mit den Schlussworten des Faust vorausgeahnt: »Das ewig Weibliche zieht uns hinan.«* Der russische Mystiker Wladimir Solowjew sagte zu diesem Thema: »Wisset: Heute steigt das Ewig-Weibliche in einem unzerstörten Leib hinab zur Erde, im unverlöschlichen Licht der neuen Göttin ist der Himmel eines mit den Tiefen geworden.«

Ein solches sophianisches Bewusstsein entwickelt sich offenbar dann, wenn die Verkümmerung der Seele

---

* Johann Wolfgang von Goethe: Faust – Der Tragödie zweiter Teil, Chorus mysticus

durch Materialismus, Ökonomisierung und Globalisierung fast vollständig erfolgt ist, wenn nach dem Vakuum (das durch nicht mehr lebendige, orthodoxe Religionen erzeugt wird) die spirituelle Suche ganz neu beginnt. In der Sophia erkennen wir die versprochene Partnerschaft von Gott und Mensch. Maria ist im Himmelfahrtsereignis die Stellvertreterin, ein »Typus« der Sophia.

Teilhard de Chardin* lässt Sophia in einem Hymnus folgende Worte sprechen: »Seit Weltbeginn bin ich erschienen. Vor den Ewigen ging ich hervor aus Gottes Hand ... Ich bin die Anmut, die in die Welt eingesenkt ist, auf dass sie zusammenfinde, auf dass sie sich sammle. Ich bin das Ideal, das über ihr schwebt, auf dass sie aufsteige. Ich bin das wesenhaft Weibliche.«

Vielleicht wird ja aus der Theologie bald eine Thealogie, wie Caitlin Matthews** überlegt, und die patriarchal dominierten Religionen öffnen sich für die Umwandlung von der derzeitigen Einseitigkeit in eine neue bzw. alte, neu ins Leben gerufene Ganzheitlichkeit. Auf jeden Fall ist es höchste Zeit, dem segensreichen Wirken der Sophia in unserem persönlichen Leben Raum zu geben.

---

*französischer Theologe, Geologe und Paläontologe (1881–1955); nahm an vielen Forschungsreisen teil, die ihn u.a. nach Burma, Indien, Java und China führten. Wegen seiner unorthodoxen theologischen Auffassungen durfte Teilhard nicht in Paris wirken und lebte hauptsächlich im Fernen Osten. Er starb 1955.

** Matthews, Caitlin: Sophia, Göttin der Weisheit, Solothurn 1993

## Spirituelle Herausforderungen
## von Sophia

- Etwas in unser Leben hineinnehmen, was wir nicht sehen können
- Mit etwas umgehen, was wir nicht greifen können
- Uns von etwas führen lassen, was wir bisher nicht wirklich verstehen

Das sind drei Herausforderungen der Sophia, die uns die drei Kräfte Weisheit, Sinn und Gnade als Segensgabe schenkt.

Sophia kann Heilung durch die Seelenkräfte schenken. Der berühmte schwarze Stein in der Ka'aba in Mekka war ursprünglich das Symbol für eine Urgöttin; in ihm begegneten sich Erde und Himmel. Er galt als Sitz der Weltseele. Heilung erlangte, wer in der Dunkelheit der eigenen Seele die Urkräfte der Göttin und sich selbst als ihren Liebhaber und Botschafter entdeckte.

Ist Maria für uns die lichte Seite der göttlichen Frau, die Mensch geworden ist? Oder ist sie vielleicht der Traum Gottes und Sophia sein Atem? Was ist dann Kuan Yin? Die asiatische Personifizierung derselben Energie in einem chinesischen Gewand? Oder beides zusammen – die gestaltlose Sophia als weiblicher Heiliger Geist und dieselbe Kraft, die in Maria eine menschlich sichtbare Form angenommen und »unter uns gelebt« hat?

# Maria – Vorläuferin der Kuan Yin?

Wenden wir uns nun dem Thema zu, inwieweit Maria tatsächlich die Vorläuferin, das »Modell«, war, nach dem Kuan Yin als weiblicher Bodhisattva entstand. Im Folgenden möchte ich den aktuellen Wissensstand und die wichtigsten Argumente komprimiert darstellen. Bei Martin Palmer findet man in »Die Jesus-Sutras« und anderen seiner Werke mehr dazu.*

## *Was sind die Jesus-Sutras?*

1907 entdeckten Forscher in einer bis dahin versiegelten Höhle in einer entlegenen Region Chinas eine Fülle antiker Schriften aus der Zeit vom fünften bis zum elften Jahrhundert. Darunter waren auch Dokumente in syrischer und chinesischer Sprache, die offensichtlich eine christliche Gemeinschaft im

---

* Martin Palmer: Die Jesus-Sutras  (siehe Anhang)

Westen Chinas und deren Entwicklung und Lehren beschrieben. Diese Schriften wurden in den 30er-Jahren teilweise übersetzt; die Übersetzungen sind allerdings mittlerweile vergriffen, sodass sie in neueren Forschungen über Religionsvergleiche nicht berücksichtigt werden. Martin Palmer, einem englischen Theologen, Sinologen und Chinaforscher, ist es mit Hilfe seines Teams gelungen, die Texte der sogenannten Jesus-Sutras zu übersetzen und in den Zusammenhang von Zeit, Kultur und Religion der damaligen Epoche zu stellen.

Diese Sutras sind, wie gesagt, religiöse und liturgische Texte sowie Chroniken und stammen aus der Zeit von etwa 635 bis 900. Sie belegen, dass es im Westen des damaligen Chinas eine große und einflussreiche christliche Gemeinschaft gab.

## Kultur und Botschaft der Jesus-Sutras

Die so genannten nestorianischen Christen, die auch heutzutage oft noch als Häretiker bezeichnet werden, beschrieben damals das Christentum als eine »Religion des Lichts« und forderten zur »Rückkehr zur ursprünglichen Natur« des Menschen auf. Auf einer der gefundenen Steinsäulen heißt es zum Beispiel:

*»Niederschrift der Übermittlung der Religion des Lichts*
*aus dem Westen nach China. ...*
*Monument zum Gedenken an die Übermittlung der*
*Religion des Lichts in China. Überliefert von Jingjing,*
*Mönch des Klosters Da Qin.*
*Im Anfang war die natürliche Beständigkeit, die wahre*
*Stille des Ursprungs und die uranfängliche Leere des*
*Allerhöchsten.*
*Dann erhob sich der Geist der Leere als der Allerhöchs-*
*te Herr und wirkte auf geheimnisvolle Weise, um die*
*Heiligen zu erleuchten. Er ist Joshua, mein Wahrer*
*Herr der Leere, der die drei subtilen und wunderbaren*
*Körper umfasst ...*
*Wir reinigen unsere Herzen und kehren zum ein-*
*fachen und natürlichen Weg der Wahrheit zurück.*
*Diese Wahrheit kann nicht benannt werden, doch*
*ihre Wirkung übertrifft alle Erwartungen. Wenn man*
*uns zwingt, ihr einen Namen zu geben, nennen wir*
*sie Religion des Lichts.«*

DAS STEIN-SUTRA*

Diese wenigen Zeilen müssen an dieser Stelle ausrei-
chen, um eine gewisse Ahnung davon zu vermitteln,
was unter Fachleuten inzwischen allgemein bekannt
und anerkannt ist: dass nämlich die christliche Reli-

---

* Palmer: Jesus-Sutras, S. 279, S. 281

gion in ihrer nestorianischen* Ausprägung eine wirklich wichtige Rolle für das weitere Religionsleben in manchen Teilen Chinas gespielt hat. Und hier nun setzt das Argument an, dass erst das Bild der Maria im Christentum im Westen Chinas den Anstoß dazu gegeben habe, nun auch eine eigene »chinesische Göttin«, eine eigene weibliche Bodhisattvagestalt zu wünschen und heranzubilden.

## Maria und Kuan Yin

Im Abschnitt »Die Göttin der Seidenstraße«** begründet der Chinaforscher Martin Palmer seine These, die sich mittlerweile auch zahlreiche andere Wissenschaftler zu eigen gemacht haben. Er schreibt über Belege dafür, dass das Christentum bis in das dreizehnte Jahrhundert in China fortbestanden habe – zeitweise zwar durchaus im Untergrund, aber eben doch in Ausübung der Riten und Gebote. Palmer führt dann wörtlich aus:

---

* Nestorianer: Anhänger der Lehre des Patriarchen Nestorius. Der Hauptpunkt des Nestorianismus besteht in der Lehre, dass es in Jesus Christus eine göttliche und eine menschliche Person gegeben habe (eine Person mit einer göttlichen Natur und eine mit einer menschlichen); jedes zugeordnete Attribut und jede Handlung des inkarnierten Christus könne dabei einer dieser Personen zugeordnet werden, beide Personen seien lediglich durch das Band der Liebe verbunden.
** Palmer: Jesus-Sutras, S. 296 ff.

»Entlang der Seidenstraße entstand die kulturell und religiös vielfältigste Gemeinschaft der damaligen Welt. Hier trafen Buddhisten, Christen, Mazdaisten, Manichäer, Taoisten und Schamanen mit Anhängern des tibetischen Bön sowie zahlloser Varianten aller genannten Glaubensrichtungen zusammen und trieben Handel. Auf diese Weise entstand eine wahrhaft kosmopolitische Gemeinschaft. In diesem Umfeld kam es zur Transformation eines buddhistischen Bodhisattva (Avalokiteshvara) ... Diese ursprünglich männliche Gottheit des indischen Buddhismus wandelte sich im chinesischen Buddhismus zu einer der populärsten Erlösergestalten, und im Verlauf dieses Verwandlungsprozesses veränderten sich sowohl ihr Geschlecht als auch ihre Bedeutung. Diese Transformation könnte auf den Einfluss der Kirche des Ostens und ihrer Marienstatuen zurückzuführen sein.«[*]

»Bis zum neunten Jahrhundert wurde Kuan Yin als Mann dargestellt. Der Buddhismus ist ebenso patriarchalisch wie das Christentum, und Frauen spielten in ihm eine eher untergeordnete Rolle ... In der Tat ist Kuan Yin bis heute die einzige Frau in der buddhistischen Kosmologie Chinas geblieben ...

Außer den christlichen Statuen der Jungfrau Maria gab es zur Zeit der Verwandlung des (männlichen Bodhisattva) Avalokiteshvara keine andere weibli-

---

[*] Palmer: Jesus-Sutras, S. 299

che Gottheit, die in diesem Prozess als Modell hätte fungieren können, vor allem keine, die ein Kind auf dem Arm trug. Insofern kann man mit einer gewissen Wahrscheinlichkeit vermuten, dass die Entstehung einer mitfühlenden, gnadenvollen und schönen weiblichen Version des männlichen Kuan Yin christlichen Marienstatuen ebenso viel zu verdanken hat wie der buddhistischen Theologie.«*

An anderer Stelle sagt Palmer, dass die Göttin Kuan Yin erst aus diesem Wirbel religiöser Ideen und Identitäten hervorgegangen sei. Er stellt rhetorische Fragen nach dem Woher bzw. dem Warum ihrer Entstehung und kommt zu folgenden Antworten:

- aus dem Bedürfnis des volkstümlichen Buddhismus nach einer Göttin, um die männlich dominierte Natur des Glaubens zu kompensieren
- aus der Notwendigkeit, mit dem Taoismus und seinen erfolgreichen Göttinnen zu konkurrieren, wie zum Beispiel der »Königin des Westens«
- aus dem Wunsch nach einem göttlichen weiblichen Aspekt im Glauben
- aus dem Austausch von Buddhisten, die schon vom mitfühlenden Bild der Kuan Yin als Helferin der »Mütter« inspiriert waren, wie sie im Lo-

---

* Palmer: Jesus Sutras, S. 300 f.

tos-Sutra* beschrieben wird, mit nestorianischen Christen, die das Bild ihrer Mutter Christi, der Madonna, mitbrachten.**

In einem westlichen Winkel des alten Chinas traf also Maria, die Mutter Jesu (und damit eine christliche Variation der Isis mit Horus auf dem Arm), auf die Tradition des barmherzigen Bodhisattva Avalokiteshvara, der infolgedessen zu einer weiblichen Gestalt bzw. Fürsprecherin vor allem für Frauen wurde.

Palmer weist zu Recht darauf hin, dass die Erschaffung eines weiblichen Bodhisattva damals (wäre das heute nicht vielleicht auch noch so?) wirklich revolutionär war. Die Chinesen nahmen schlichtweg grundlegende Ideen und Eigenschaften einer männlichen Gottheit auf (die zwar eine gewisse androgyne Qualität hatte, aber dennoch eindeutig männlich war) und schufen daraus eine weibliche Gottheit.

In der Folge entstanden neue Abbildungen und Statuen, die eine völlig andere Ausstrahlung hatten als die bisherigen Bildnisse und Figuren der taoistischen »Königin des Westens«, die ernst, streng und distanziert wirkt. Hier, mit der Gestalt der Kuan Yin, entstand ein sanftes, verständnisvolles und barmher-

---

* Da heißt es u.a.: »Sonne der Weisheit, Zerstörerin der Dunkelheit, Bezwingerin von Kummer, Sturm und Feuer, Erleuchterin der Welt!« (Palmer: Jesus-Sutras, S. 169)
** Palmer: Kuan Yin, S. 23

ziges Bild einer Frau, die heilig und irgendwie auch entrückt ist, ein Himmelswesen, das aber eben doch Anteil am Leben und Schicksal von uns Menschen nimmt.

Solche wirklich tief greifenden Veränderungen in der theologischen und in der volkstümlichen Betrachtung einer religiösen Vorbildfigur konnten nicht einfach so vom Himmel fallen. Sie entstanden, wie Palmer nachvollziehbar ausführt, erst aufgrund einer längeren Interaktion zwischen grundlegenden Gedanken, emotionalen Bedürfnissen und kultureller »Aneignung«. Die prägende Vorbildwirkung der Bilder und Statuen Marias für diese neue Gestalt der Kuan Yin steht für ihn und andere Gelehrte außer Zweifel.
Wir können sie zumindest für eine sehr naheliegende Möglichkeit halten, das doch recht plötzliche Auftauchen der Kuan Yin bzw. die Verwandlung von Avalokiteshvara in eine weibliche Gottheit zu erklären.

◇◇◇

# Kuan Yin heilt

## *Der Traum*

Frau Lee aus Penang in Malaysia erzählte John Blofeld von einem eigentümlichen Traum von Kuan Yin, den sie anlässlich des Besuchs eines berühmten Kuan-Yin-Tempels in Kanchanburi, das an der thailändisch-burmesischen Grenze liegt, hatte:*

Am Meer findet sich Frau Lee in einem palastähnlichen Tempel wieder, der mit reich vergoldeten Holzschnitzereien, Perlen- und Korallenornamenten geschmückt ist. Farbige Gebetsfahnen mit Anrufungen Kuan Yins

---

* Quelle: Blofeld: Compassion Yoga; S. 137; vom Verfasser gekürzt nacherzählt.

flattern in der Luft. Der Tempel sieht herrlicher aus als alle wunderbaren Tempel, die sie auf ihren ausgedehnten Reisen in Südostasien schon besucht hat.

In der Mitte des Tempels, wo sie eine Statue der Kuan Yin erwartet hätte, erblickt Frau Lee einen leeren Thron. Dieser sieht wie ein echter überdimensionaler Lotus aus, auf dessen satingleichen Blütenblättern der Tau funkelt. Eine süße Musik erklingt, von unsichtbaren Musikern auf Flöte, Zimbeln und Glöckchen gespielt. Unbekannte, jedoch betörende Düfte ziehen durch den Tempel. In Anbetung der unsichtbaren Kuan Yin wirft sich Frau Lee vor dem Thron nieder. Als sie wieder aufblickt, sitzt Kuan Yin selbst dort und hält in ihren tausend Armen eine Vielzahl von Emblemen und Symbolen. Ihr Körper ist von einem Heiligenschein umhüllt, der heller glänzt als Sonnenstrahlen, dem Auge jedoch wie Mondschein leuchtet.

Kuan Yin blickt traurig und ernst auf die vor ihr kniende Frau und spricht, voller Süße und Anteilnahme, folgende Worte: »Als du noch ein Kleinkind warst und Ying-Ying hießest, hast du unter einer Lungenkrankheit gelitten, so dass du nicht richtig atmen konntest. Deine gute Mutter legte das Gelübde ab, dass – falls du weiter leben dürftest – ihr, du und sie, das ganze Leben hindurch kein Fleisch von fühlenden Wesen mehr essen würdet. Sie hat ihr Gelübde gehalten, aber du hast seit deiner Hochzeit dieses Versprechen täglich gebrochen, mehr als dreißig Jahre hindurch. Warum? Das sollte nicht so sein.«

Frau Lee wachte abrupt aus dem Traum auf, weinte und fühlte sich sehr beschämt. Sie erzählte ihrer Familie von dem Traum, und daraufhin war ihr Mann, der sie vor dreißig Jahren gedrängt hatte, nicht mehr vegetarisch zu essen, der Erste, der vorschlug, dass von nun an die gesamte Familie konsequent vegetarisch leben sollte.

Die Autorin Chün-fang Yü zählt auf,* wie viele Berichte von Heilungs- und Errettungswundern sie gefunden hat. Hier eine Kurzfassung:

- 49 Wunderheilungen verschiedenster Krankheiten
- 42 Wunder der Errettung vor Wasser und Feuer
- 55 Errettungen aus dem Gefängnis oder aus diversen Gefahren
- 30 Wunderberichte, in denen Weisheit erlangt, Leben verlängert oder sogar Tote auferweckt wurden
- 30 Berichte über treue Kinder und gute Wiedergeburten
- 43 Wunder im Zusammenhang mit der Auseinandersetzung mit Karma

---

* Chün-fang Yü: Kuan Yin (siehe Anhang)

- 54 Darstellungen, wie sich göttliche Kräfte in Wundern manifestierten
- 10 Berichte, wie sich göttliche Kräfte durch das Eingreifen in Naturkatastrophen zeigten
- 20 Wunder, wie sich göttliche Kräfte in Lichterscheinungen, Visionen, Schutz und in Unterweisungen zeigten*

Interessant scheint mir bei der oben wiedergegebenen Erzählung von Frau Lee (außer der Tatsache, dass ihrer Mutter Anrufung Kuan Yins wahrscheinlich ihre Heilung als Kleinkind bewirkt hatte) der Umstand, dass Kuan Yin offensichtlich sehr »langmütig« ist. Es gibt eine Vielzahl von Geschichten, in denen Menschen Gelübde ablegen, die sie erfüllen wollen, wenn Kuan Yin ihnen Hilfe gewährt, und die sie dann doch »vergessen« oder aus anderen Gründen nicht erfüllen. Kuan Yin wartet lange, mahnt häufig erst sanft, bevor sie schließlich durchaus auch drastische Schicksalsschläge in Aussicht stellt, welche die Menschen zu befürchten haben, wenn sie nicht endlich ihr Gelübde erfüllen. Um aber einem Missverständnis vorzubeugen: Das sind nie »Androhungen« einer »Bestrafung« durch Kuan Yin, sondern vielmehr Hinweise darauf, dass ihr Schutz gegen die – eigentlich durch das eigene frühere Tun in Gang gesetzten – karmischen Folgen

---

* Chün-fang Yü: Kuan Yin, S. 190 f.

nicht mehr länger wirken kann, wenn der betreffende Mensch nicht endlich selbst etwas unternimmt, um sich zum Positiven zu verändern.

Zur notwendigen Transformation unserer Zeit gehört nach Ansicht vieler Menschen (und das entspricht auch meiner Meinung) die bewusste Auseinandersetzung mit dem Archetypus des Weiblichen, der Anima, die in jedem Menschen angelegt ist. Deren Wirksamkeit wurde durch jahrhundertelange Dominanz bestimmter Muster stark ins Unbewusste gedrängt. Es ist an der Zeit, die Anima wieder ins Licht des Bewusstseins zu heben, wobei sicher auch die Verbreitung der Botschaften der Kuan Yin hilfreich sein könnte. Davon handelt das nächste Kapitel.

# 3.
# Der Archetyp des Weiblichen

## *Anima, Große Mutter und Urfrau aus psychologischer Sicht*

*Auch wer keinen religiösen Sensus oder Glauben hat, kann sich durch einen tiefenpsychologischen Zugang auf die Anima einlassen, die als Archetyp sicher in fast allen weiblichen Gestalten und vielen anderen wirkt und in allen Zeiten und allen Kulturen in verschiedenen Formen aufscheint, wie in China und im Osten eben in der Kuan Yin.*

Wir wollen nun drei Gesichter des weiblichen Archetyps näher kennenlernen und von diesem Ansatz her eine Deutung der Kuan Yin als Anima, Großer Mutter und machtvoller Urfrau versuchen.

Diese drei Gesichter sind die mythische Lilith, die Weise Alte und die schöpferische Göttin Gaia als Erde. (Ich mache dabei nicht immer ausdrücklich auf die Parallelen zu Kuan Yin und ihren Eigenschaften aufmerksam.)

# Lilith

Im christlichen Glauben findet man auch eine vermeintlich dunkle weibliche Gestalt, die Lilith, die
»erste Frau Adams«, die vor allem auch für lustvol-
le Verbindung steht. Das kann tiefenpsychologisch
damit erklärt werden, dass mit der lichtvollen, oft
überhöhten »Kunstfigur« der Maria unausgespro-
chen auch ihr »Schatten« integriert werden musste.
Lilith ist die verborgene Kraft der Weiblichkeit, die
nach und nach mit der allmählich erwachenden Be-
wusstheit unserer Zeit über die Vielfalt der Gesichter
der Göttin sichtbarer und greifbarer Einzug halten
kann.

In Lilith begegnen wir einem Urbild der Anima, der
Kraft einer zunächst nicht offenbaren und sichtbaren
Weiblichkeit, treffen aber auch (so wollen es manche
männlichen Phantasien und auch manche weiblichen
Absichten) auf eine dunkle Verführerin.

In Lilith finden wir auf jeden Fall neben anderem die
erotische Seite des Anima-Archetyps, die sowohl bei
Sophia als auch bei Maria und Kuan Yin überhaupt
nicht und bei der Alten Weisen nur selten aufscheint,
gleichsam verloren gegangen ist oder verdrängt bzw.
versteckt wurde. Selbst in Gaia finden sich nur ferne
Anklänge an schiere schöpferische Sexualität. Lust

oder gar Wollust scheinen mit solch erhabenen mythischen Gestalten wie der Schechina\*, dem Buddha oder einer Kuan Yin nicht vereinbar zu sein. Maria und die katholischen Heiligen werden (genauso wie ihre fernöstlichen Pendants) vor allem als reine, keusche und insofern von der alltäglich-menschlichen Ebene abgehobene Projektionsflächen aller möglichen Wünsche und Kompensationsprozesse idealisiert. Nicht so Lilith, bei der das Pendel der Zuschreibung bestimmter Eigenschaften genau in die andere Richtung heftig ausschlägt.

Im Hinblick auf die Verbindung zwischen Göttlichkeit und Sinnlichkeit ist Lilith übrigens den griechischen und römischen, den keltischen und germanischen Göttinnen und Göttern verwandter als den transzendenten Phantasien des Judentums und des Christentums und auch mancher buddhistischer Anschauungen.

Der Name Lilith bedeutet in Hebräisch »die Nächtliche« oder »Sturmgöttin«. Laut Lexikon ist Lilith ein »weiblicher Dämon altorientalischer Herkunft«. Der Prophet Jesaja erwähnt ein »Nachtgespenst«, das

---

\* Schechina, auch Shekinah (auf S. 20 und S. 50 bereits erwähnt): im mystischen Judentum die Gegenwart Gottes in der Schöpfung und auf der Erde; auch »Glanz Gottes« genannt; tritt oft als geheimnisvolle schöne Frau auf, die rasch wieder verschwindet (so in zahlreichen chassidischen Geschichten)

fälschlich Lilith zugeordnet wird; die Kabbala, die jüdische Geheimlehre, sieht in ihr oft die Königin des Bösen und Mutter einer Vielzahl von Dämonen. Psychologisch betrachtet steckt in solchen Zuschreibungen jedoch wohl vor allem der Versuch, aus einer machtvollen weiblichen Kraft eine »Unperson« zu machen. Indem alle möglichen eigenen Schatten in sie hineinprojiziert werden, versucht die männliche »Logik«, die hinter diesem Vorgang steht, sich selbst über sie zu erheben und als rein und licht darzustellen.

Nach jüdischen Legenden war Lilith nämlich vielmehr die erste Frau, die überhaupt erschaffen wurde, und zwar gleichzeitig mit Adam. Sie war eine Zeit lang die Frau Adams und gebar ihm (laut Rabbi Elieser in »Das Buch von Adam und Eva«) jeden Tag hundert Kinder. Das bedeutet, dass sie mindestens ebenso oft der sexuellen Verbindung gefrönt haben muss. Allerdings wollte sie sich Adam nicht unterordnen und empfand sich durchaus als gleichrangig (manche bildhaften Schilderungen sprechen davon, dass sie nicht »unten liegen« wollte). Deshalb und weil sie sich vor bzw. nach der später erfolgten Erschaffung Evas Adam entzog und ihr eigenes Leben führte, wurde sie zur idealen Projektionsfläche für alles Üble, was Männer (und vielleicht auch manche Frauen?) mit Frauen verbinden wollen. Dazu gehört in einer patriarchalisch organisierten Welt vor allem die freie Selbstbestimmung über ihre Sexualität, welche die Männer den Frauen keineswegs überlassen wollten. Dies führte dazu, dass Lilith mancherorts mit der Schlange im Paradies gleichgesetzt, als Mutter Kains bezeichnet oder als Versucherin schlechthin definiert wurde. Man findet übrigens auch einige Darstellungen von ihr als geflügeltes Wesen.

Bisweilen wird Lilith als Braut des Satans (Sammael) betrachtet, die »beide unter dem Thron der Göttlichen Herrlichkeit« entstanden – also selbstverständlich (wie alles andere Erschaffene) eindeutig göttlicher Herkunft sind. Auf gewisse Weise ähnelt Lilith damit der indischen Kali und stellt ein Gegenstück zu den Lichtgestalten Maria und Kuan Yin dar. Lilith wird auch als eine Variante der mesopotamischen Dämonin Lilitu gesehen oder als die einer sumerischen Göttin der Einsamkeit.

Der letztgenannte Aspekt von Lilith rückt auch ein wesentliches Merkmal der Kuan Yin in unser Blickfeld. In der Astrologie ist Lilith die Bezeichnung für den zweiten Brennpunkt der Ellipsenbahn des Mondes um die Erde. In einem steht die Erde, im zweiten ist kein Himmelskörper. Diese zweite Mitte der Mondbahn symbolisiert die verborgene Weiblichkeit. Der Name »Dunkelmond« ist irreführend, weil er suggeriert, dass es sich um einen festen Körper handelt. Lilith ist astrologisch die zwar nicht greifbare (und auf den ersten Blick auch nicht erkennbare) Kraft der »Leere«, die jedoch als Raum und Energie das Sichtbare in der Balance hält. Außerdem ist sie für alle Formen der Schöpfung notwendig und kann kreativ belebend sein. Das Sein auch jenseits der körperlichen Formen entspricht gleichfalls einem Attribut der Kuan Yin.

C. G. Jung* hat die folgenden vier Aspekte des Bildes der Anima besonders herausgestellt:

- biologische Urmutter,
- ästhetischer und romantischer Eros,
- vergeistigter Eros und
- Weisheit als höchste Form der Anima.

Jung spricht von Eva, Helena, Maria und Sophia als den vier mythischen Gestalten, in welchen sich diese vier Aspekte ausgeprägt und eine Form angenommen hätten. Lilith taucht in diesem Kleeblatt nicht auf, eben weil sie (psychologisch betrachtet) fast völlig verdrängt bzw. negativ umgedeutet wurde.

---

* Carl Gustav Jung (1875–1961) Mitarbeiter Sigmund Freuds und der Begründer der Analytischen Psychologie. Er übte verschiedene Lehrtätigkeiten an Universitäten in der Schweiz aus und führte schwerpunktmäßig Forschungen über des kollektive Unbewusste und die Bedeutung der Religion für die Psyche durch.

## *Liliths Aufgabe*

Lilith scheint Frauen aufzugeben, jene Seiten der Weiblichkeit in sich zu entdecken, die sie bislang noch verdrängt oder einfach auch nur gezügelt haben, weil Sitte, Anstand und männlich geprägte Tradition das so von ihnen zu wollen scheinen. Als Männer sollten wir prüfen, wo wir Frauen in ihrem Selbstausdruck behindern, indem wir offen oder subtil bestimmte Erwartungen projizieren oder durchsetzen. Für den Mann ist die Integration der Anima-Aspekte immer nur partiell möglich; er entwickelt dadurch Eros und Beziehungsfähigkeit. Eine Heilung zur Ganzheit, die sich in Weisheit und Stille vollzieht, erwächst aus der verborgenen Kraft der Natur und aus der Bereitschaft, sich auf die Instinktkräfte der Natur einzulassen.

In Lilith finden wir Aspekte der Weiblichkeit, die in Kuan Yin so nicht zu entdecken sind. Insofern könnte Lilith durchaus als eine unbewusste Seite, eine verdrängte Facette, der Kuan Yin verstanden werden. Sie ist indes keineswegs Kuan Yins »Gegenstück« oder »Gegenentwurf« – weil in einer solchen Zuordnung ja wieder die Bewertung enthalten wäre, dass die weiblichen Seiten der Kuan Yin, vor allem ihre Leidens- und Opferbereitschaft, besser oder höher einzustufen wären als die Absicht und Kraft der Lilith, ein selbstbestimmtes Leben zu führen!

◇◇◇

# Die Weise Alte

Ein weiterer wesentlicher Aspekt der Anima ist die Weise Alte. Sie hilft Menschen, oft den sogenannten Helden, in tief gehenden Krisen, an entscheidenden Wegkreuzungen und bei wesentlichen Entscheidungen. Sie ist gewissermaßen eine irdisch-sichtbare Verdichtung der Großen Mutter, der Mutter Erde, die hier in Menschengestalt und meist eher im Hintergrund wirkt. Man muss sie aufsuchen oder überhaupt erst einmal als weise Frau erkennen, denn meist wird sie eher übersehen oder als unbedeutend erachtet und links liegen gelassen.

Auch in der heutigen Zeit wird ja auf den Rat und die Erfahrung älterer Menschen, älterer Frauen zumal, leider wenig Wert gelegt. Der Film »Harold und Maude« ist eine wunderbare Ausnahme; dort wurde die Liebesbeziehung zwischen einer relativ alten Frau und einem jungen Mann unnachahmlich heiter, zärtlich und zugleich skurril dargestellt.

Die Weise Alte leitet an, sie initiiert, sie bezaubert in vielfacher Hinsicht, erhöht, vermittelt Sinn. Wir kennen die weise Frau aus Legenden und Märchen; sie begegnet uns in der »Dame vom See«, in Viviane und Morgaine le Fay, in der Hohepriesterin des Tarots und der Meisterin, in den Priesterinnen verschiedener alter Kulte, als Therapeutin und auch als »Zauberin«.

Die dunkle Seite der weisen Frau wird als »Hexe« bezeichnet. Dieser Begriff ist ja erst durch eine männlich fixierte Herrschaft geschaffen worden, die sich oft als »christlich« bezeichnete. Man wollte naturkundige Frauen, die weise mit Magie umzugehen wussten (und nebenbei die Vorherrschaft der männlichen Doctores in Frage stellten), in ein negatives Zerrbild einer Frau umdeuten, die mit bösen Mächten buchstäblich und lüstern unter einer Decke steckt. Dabei waren die angeblichen Hexen in der Regel weise Frauen, die sich der Kräfte der Natur bewusst waren, von der Natur gelernt hatten, ihr Wissen in Verbindung mit größeren schöpferischen Energien einsetzten – und sich dabei nicht vom männlichen Willen unterjochen ließen.

Ein historisches Beispiel für eine sowohl spirituell orientierte als auch von erotischen Komponenten belebte Beziehung einer jüngeren Frau zum Typus der Weisen Alten als Meisterin und Priesterin ist die Beziehung Hildegards von Bingen zu Jutta von Sponheim. Ingrid Riedel hat das genauer erforscht.* Wenn Hildegard von Bingen nicht Nonne und Äbtissin gewesen wäre, hätte man sie vermutlich auch als »Hexe« verfolgt.

---

*Ingrid Riedel: Hildegard von Bingen – Prophetin der kosmischen Weisheit

Die Weise Alte bringt den weiblichen Aspekt der Ganzheit des Selbst zum Ausdruck und entspricht somit der Form der Yin-Kraft im Tao. Diese weise Frau kennt nicht nur Heilkräuter, sondern auch Worte des Heils. Sie übt nicht nur Zauber aus, um Frauen zu Kindern zu verhelfen und Liebe zu stiften, sondern auch, damit Menschen wieder in Rückverbindung mit den Kräften der Erde gelangen. Sie weiß sehr wohl um den notwendigen Gleichklang zwischen Himmel und Erde, setzt jedoch dort an, wo sich die meisten leidenden oder suchenden Seelen befinden, nämlich auf der irdischen Ebene.

Wir begegnen ihr in Tiergestalt als Kröte oder weiser Schlange, so z.B. in Gestalt der grünen Schlangen in den Erzählungen der anatolischen Hirten, wie Elsa-Sophia von Kamphoevener sie überliefert hat.

Für mich ist die »Weise Alte« zudem eine Manifestation der Hilfe in der Not und eine Wegweiserin auf der Suche nach Sinn. Sie ist Seelenführerin und Therapeutin sowie das, was nordamerikanische Indianer im spirituellen Sinne »Großmutter« nennen. Gerade jetzt, da ich diesen Abschnitt beende, bekomme ich von einer meiner älteren Schwestern Lebenserinnerungen mitgeteilt von meiner lange verstorbenen Großmutter, die ich nie kennengelernt habe. Syn-

---

* Kamphoevener, Elsa Sophia von [Hrsg.]: Anatolische Hirtenerzählungen. Frankfurt/M., Berlin 1993

chronizität: Die »Weise Alte« sendet auch äußerlich greifbare Botschaften, wenn wir dafür offen sind!

## *Wink der Weisen Alten*

Langmut (nicht Gleichmut und auch nicht Duldsamkeit!) sowie Vertrauen auf die eine große unsichtbare Lebenskraft, die allem Glück und allem Leid letztlich einen Sinn gibt, ist die Eigenschaft, die wir entwickeln sollen, wenn dieser Archetypus in unserem Leben auftaucht. Welche Beziehung hast du zu deinen beiden Großmüttern, auch wenn diese bereits verstorben sein sollten? Was kannst du von ihnen (auch heute noch) lernen? Welche alte Frau kennst du? Frag sie bei der nächsten Begegnung nach ihrem Leben. Frag, was die Essenz des Lebens, ihrer Lebenserfahrung ist, die sie gern weitergeben möchte. Auch Menschen, die geistig verwirrt oder nicht mehr »ganz klar im Kopf« zu sein scheinen, werden wunderbare Einsichten vermitteln können.

Wir selbst sollten etwas von der Weisheit der »Großmutter« im indianischen Sinne entwickeln, von der Lebenserfahrung, die von Güte getragen wird und in die Zukunft zu blicken vermag, weil sie die Zyklen der Erde und des Himmels kennt. Wir selbst sollten diese Entfaltung unserer Seele bestmöglich fördern.

Ähnlich wie Lilith die jungfräulich-barmherzige Seite der Kuan Yin durch die Kraft des Eros ergänzt, so vervollständigt die Weise Alte die aufblühende, von Idealen durchlichtete Jugend der reinen Kuan Yin mit ihrer Lebenserfahrung und Reife. Die Weise Alte ist eine Frau »zum Anfassen«; sie ist eine Gestalt der Anima, die nicht in fernen Himmelshöhen schwebt, sondern uns auf den staubigen Wegen der irdischen Schicksalsfahrten ohne viel Aufhebens begegnet und hilft.

◇◇◇

## Erde, Gaia

In der griechischen Mythologie ist Gaia die Mutter von Uranos, mit dem sie den Ozeanos, die Titanen und die Zyklopen zeugte. Uranos verbarg diese Kinder sofort tief in der Erde; dies erboste Gaia, und sie stiftete Chronos, einen der Titanen, zum Umsturz an. Chronos entmannte seinen Vater Uranos mit einer Sichel, als dieser sich voll sexuellen Verlangens Gaia näherte. Aus dem Blut erschuf Gaia die Giganten, die Erinnyen (Rachegöttinen), hundertarmige Riesen sowie die melischen Nymphen. Aus dem Samen im Geschlecht Uranos, das ins Meer fiel, entstand Aphrodite. Später bekam Gaia weitere Kinder mit Pontos (Meer). Als Zeus später Chronos stürzte und mit den Titanen kämpfte, musste sich Gaia ihm fügen und seine Oberherrschaft anerkennen.

Die Göttin Gaia gilt als besonders deutliche Ausprägung des Mutterarchetyps im Sinne der Analytischen Psychologie Carl Gustav Jungs. Einen Gaia-Kult (nicht etwa nur die Apollo-Verehrung!) gab es auch am Orakel von Delphi. Chronos ist uns in der Astrologie als der Planet Saturn bekannt, Uranos als der Planet Uranus und Zeus als Planet Jupiter.

Was bei vielen Indianern als Symbiose und Harmonie zwischen Mutter Erde und Vater Himmel bezeichnet wird, stellte sich in der griechisch-römischen Götterkosmologie eher als heftige Auseinandersetzungen und blutige Kämpfe dar; vielleicht, weil sich dann etwas mehr »rührte«.

Betrachten wir die Erde aus biologischer Sicht, so ist sie der Schoß des Lebens aller sichtbaren Formen – aber auch ihr Grab. »Aus Staub bist du geboren, zu Staub wirst du wieder werden«, sagt uns die Bibel. Die Erde ist die Große Mutter, die Natur in ihrer Ganzheit, die als lebenspendend, schützend und nährend erlebt wird, zeitweise jedoch auch als bedrohlich. Das Thema der Auferstehung von den Toten (die ja in der Erde begraben liegen), die Himmelfahrt Jesu Christi und anderer mythischer und kosmischer Gestalten, wäre ohne diesen Aspekt der Erde sinnlos. Allerdings wirkt es in diesem Zusammenhang oft so, als ob die Erde überwunden werden müsste. Das irdische Leben muss meiner Ansicht nach jedoch nicht überwunden, sondern vielmehr erfahren, erlebt, als etwas durch und durch Heiliges, Göttliches und Wunderbares wirklich angenommen und integriert werden.

Die unauflösliche Beziehung zwischen Himmel und Erde kommt auch im Bild des Tao und in den beiden grundlegenden Hexagrammen des I Ging (Himmel mit sechs durchgezogenen Linien und Erde mit sechs geteilten Linien) zum Ausdruck.

Im I Ging ist die Erde das zweite Hexagramm. Die Eigenschaft der Erde ist Yin-Energie, die weiche, empfangende Urkraft, das Weiblich-Mütterliche. Sie gibt den Raum, in dem sich das Yang überhaupt erst entfalten kann, und verleiht ihm eine Form. Im Urteil bzw. Orakelspruch zur Erde heißt es im I Ging: »Das Empfangende bewirkt erhabenes Gelingen ... Hat der Edle etwas zu unternehmen und will voraus, so geht er irre; doch folgt er nach, so findet er Anleitung.« Der Text zum Bild lautet: »Der Zustand der Erde ist die empfangende Hingebung. So trägt der Edle weiträumigen Wesens die Außenwelt.« Das I Ging sagt weiter über die Erde: »Ihr Reichtum besteht darin, dass sie alle Wesen ernährt, und ihre Größe darin, dass sie alles verschönt und herrlich macht. So schafft sie das Gedeihen für alles Lebendige. Während das Schöpferische die Dinge zeugt, werden sie vom Empfangenden geboren.«

Die Erde ist kein Gegensatz zum Himmel, sondern beide sind Aspekte eines einzigen Organismus. Die Erde ist gewissermaßen die sichtbare Erscheinung des Himmels. Im Schamanentum ist die Erde auch die fünfte Achse oder Richtung im Medizinrad, die genau nach unten weist. »Mutter Erde« ist das lebendige Wesen, das uns alle erhält. Lebensraum, Luft zum Atmen, Wasser zum Trinken, Nahrungsmittel, die Stoffe, aus denen wir Kleidung fertigen und Häuser bauen, und so fort: Es gibt nichts von dem, was wir zum Leben brauchen, was uns Mutter Erde nicht gibt. Die charakteristische Eigenschaft der Erde ist es, zu geben. Und sie gibt immerzu. Unsere Verantwortung liegt darin, dies anzuerkennen, sie zu ehren, zu pflegen und zu schützen. Wir betrachten sie auch als die sichtbare und greifbare Kraft der Empfängnis und Verwandlung und spüren immer wieder, wie notwendig unsere Erdung ist. Ähnlich wie beim Himmel handelt es sich um eine Energie ohne menschliche Gestalt, aber dennoch um eine sehr mächtige Energie.

Neben den griechischen Göttermythen und der Erfahrung der Erde als biologischer »Mutter« gibt es einen weiteren Aspekt: die so genannte Gaia-Hypothese, die von den Wissenschaftlern Lovelock und Margulis formuliert wurde und besagt, dass die Erde ein ganzheitlicher, eigenständiger, lebendiger Organismus ist, dessen Mechanismen und Prozesse uns beeinflussen, je nachdem, wie wir mit unseren Einstellungen und Verhaltensweisen auf ihn einwirken. Mit dieser Anschauung lassen sie die Ansicht hinter sich, dass die Erde tote Materie sei, die folgenlos manipuliert werden könne.

## Gaias Übung

Erinnere dich jeden Tag daran, dass alles, was wir verwenden und besitzen, von der Erde kommt, unmittelbar oder indirekt. Danke jeden Tag dafür – beim Essen, beim Spazierengehen, beim Atmen ... Und probiere aus, was geschieht, wenn du eine Woche lang an jedem Tag der Erde etwas dafür zurückgibst. Schamanen tun das, indem sie Tabak, Wasser, Nahrungsmittel oder andere Gegenstände mit einem Dankgebet auf die Erde streuen, gießen oder legen. So erhalten sie ihre Beziehung zur Erde auf greifbare Weise aufrecht.

# Kuan Yin als Anima, große Mutter und machtvolle Urfrau

Der Vergleich von Gaia mit Kuan Yin scheint ziemlich weit hergeholt zu sein: Einerseits begegnen wir Inzest als einer besonders drastischen Form von Sexualität, wenn sich Gaia mit ihrem Sohn Uranos verbindet. Dann erleben wir Aufruhr, wenn Gaia ihren Sohn Chronos dazu anstiftet, ihrem Mann und seinem eigenen Vater Uranos Gewalt anzutun. Bei Kuan Yin erleben wir andererseits eindringliche Ermahnung, sich von den Wegen des Bösen abzuwenden, und schließlich barmherzige Vergebung.

Verbindungslinien zwischen der Gestaltung des Anima-Archetyps der griechischen Göttin Gaia und der chinesischen Kuan Yin sehe ich jedoch durchaus. Da ist zunächst einmal das fast ewige Thema, dass Männer Frauen vorschreiben, was sie zu tun und zu lassen haben. Uranos verbannt die Kinder Gaias zunächst tief in die Erde; Zeus übernimmt später die Vorherrschaft, und Gaia muss sich fügen. Kuan Yins Vater will ihr vorschreiben, dass und wen sie zu heiraten hat. Auch hier spielt das Thema Sexualität eine entscheidende Rolle, wenn auch in deren Ablehnung.

Aber immerhin: Von vielen Menschen in Asien wird Kuan Yin als »Muttergöttin« wie eine Gaia verehrt, als die weibliche Kraft, die in allem wirkt (auch wenn man sie dabei gern idealisiert).

Sie ist, wie Gaia, die Große Mutter, selbst wenn sie kein offensichtliches sexuell-erotisches Vergnügen genießt. Sie ist, zumindest potenziell, wie Gaia, Lilith oder die Weise Alte, eine machtvolle Urfrau. Sicher: Sie zeigt eher die sanften, jugendlichen und zarten Seiten der Weiblichkeit, während Lilith mehr Freigeist und Selbstbestimmung, die Weise Alte eher reife Lebenserfahrung und Gaia verstärkt die ungestüme Rohheit der machtvollen Urfrau aufweist.

Kuan Yin ist in ihrer Ausstrahlung längst nicht mehr nur auf den Osten beschränkt, sondern hat fast so etwas wie einen Siegeszug durch die ganze Welt angetreten.

Hier folgen nun zwei kurze zeitgenössische Geschichten, die von Erfahrungen mit Kuan Yin handeln und nicht aus Asien, sondern aus Nordamerika stammen.

◇◇◇

# Kuan Yin hilft

»Kuan Yin unterstützt uns dabei, unsere Neigung zu Einengung, Begrenzung und Selbstkritik zu heilen, indem sie uns hilft, unsere Herzen zu öffnen. Unsere Treffen enden oft mit einer Meditation der Wertschätzung. Ich rufe Kuan Yin in diesen Augenblicken an und bitte darum, dass wir uns öffnen – für uns selbst und für uns untereinander – voller Dankbarkeit und Wertschätzung für die Schönheit und Ausstrahlung dessen, was und wer wir wirklich sind. Ich kann dann ihre Gegenwart wirklich spüren; es ist, als ob die Atmosphäre von ihrem Verstehen und von ihrer Liebe erfüllt ist.«[*] So Carol Newhouse, die Leiterin einer ausschließlich aus Jüngerinnen der Sappho bestehenden Sangha-Gruppe in Berkeley, Kalifornien.

Diane Stein, eine amerikanische Heilerin und Autorin,[*] die ihr Haus als einen »Tempel für Kuan Yin« bezeichnet, bereitet unter anderem eine »Kuan-Yin-Essenz« zu.

---

[*] Zitiert nach Boucher: Discovering Kwan Yin ; S. 75 f.

Dazu werden rosafarbene Kamelien verwendet, die in Wasser gelegt werden, in dem sich Edelsteine und Halbedelsteine befinden. Während eines Workshops blühten die Kamelien gerade auf, als Vollmond war. Sie bereitete ihre Kuan-Yin-Essenz zu, und die Teilnehmer tranken davon. »Danach sahen sie Kuan Yin den ganzen Abend über im Haus.«

Die Kuan-Yin-Essenz wirkt positiv auf das Herz-Chakra, »bringt Heilung und Mitgefühl in das Leben; fördert Vergebungsbereitschaft, Selbstwertgefühl, ruhige Sicherheit und Zuversicht, Heilung des Herzens; sie hilft bei der Meditation und unterstützt die Liebe der Göttin und die universelle Liebe.«

Das folgende Kapitel befasst sich mit den einhundert Weisheitssprüchen, die Kuan Yin zugeschrieben werden. Hier scheinen die zahlreichen Facetten der Anima auf, in denen Kuan Yin uns ihre Weisheit übermittelt. Wir begegnen hier dem Archetyp des Weiblichen auf eine Weise, die uns freundschaftlich-liebevoll auf unseren alltäglichen Lebenswegen begleiten will.

Man verwendet diese einhundert Verse als Prophezeiungen, als Orakel oder zur poetischen Inspiration.

* Zitiert nach Boucher: a.a.O., S. 72 f.

# 4.
# Die 100 guten Wünsche der Kuan Yin

*Das Kuan-Yin-Orakel für den richtigen Zeitpunkt und die rechte Handlungsweise*

Was sind die 100 guten Wünsche der Kuan Yin? In der Überlieferung tauchen einhundert Gedichte auf, die Kuan Yin zugeschrieben und gern als Orakelsprüche verwendet werden. Sie heißen Chien Tung oder »Die Stäbe des Schicksals«.

Man findet diese einhundert Sprüche fast überall in China, selbstverständlich auch in Taiwan und in anderen asiatischen Ländern, in Hawaii und den pazifischen Inselstaaten – und seit einigen Jahrzehnten auch in England und Nordamerika.

Es ist unklar, ob diese einhundert Weisheitsgedichte in einem direkten Zusammenhang mit dem berühmten I Ging, dem »Buch der Wandlungen«, stehen oder nicht; zumindest ist jedoch eine geistige Verwandtschaft offensichtlich. Das I Ging und die 100 guten Wünsche nach Kuan Yin sind jedoch keineswegs die einzigen Orakelschriften. Es gibt in China bzw. im asiatischen Raum etliche solcher Sammlungen mit allgemeinen Prophezeiungen, weisen Inspirationen, philosophischen Überlegungen und persönlichen Ratschlägen. Es ist üblich, dass sie einer bestimmten Hauptgottheit zugeschrieben werden.

Auch in Europa kennen wir unterschiedliche Orakel, zum Beispiel zahlreiche Varianten des Tarot, die umstrittenen vierzeiligen Prophezeiungen und Rätselsprüche nach Nostradamus, die sogenannten Lenormand-Karten und vieles mehr.

In Indien gibt es einige Palmblattsammlungen mit Aussagen zum Schicksal der Menschen, deren Lebensweg sie dorthin führt. Ich habe zwei dieser Palmblattsammlungen persönlich besucht, und zwar eine in Hoshiarpur im Norden (die Rishi Brighu zugeschrieben wird) und eine in Bangalore im Süden (welche auf den Sonnengott zurückgehen soll). Inzwischen werden auch auf Sri Lanka (allerdings weniger gut beleumundete) Palmblattsammlungen für Ratsuchende ausgelegt.

Orakelsammlungen stellen also offenbar ein Phänomen dar, das in allen Kulturen und Epochen auftaucht.

Woher stammen nun die Kuan-Yin-Orakelsprüche? Palmer, Ramsay und Kwok schreiben: »Wir gehen davon aus, dass die Kuan-Yin-Gedichte zwischen dem fünfzehnten und dem sechzehnten Jahrhundert zusammengestellt wurden; möglicherweise ist dabei älteres Material mit eingeflossen, das aus der Zeit zwischen dem zwölften und dem fünfzehnten Jahrhundert datiert.«*

Diese einhundert Sprüche sind – ähnlich den Orakelsprüchen der Pythia, der Sybillen oder den Centurien des Nostradamus – oft vieldeutig und regen mehr zur persönlichen Schau und zur Entwicklung der eigenen Intuition an, als dass sie völlig klare Handlungsanleitungen geben wollen.

Die Übertragungen der Orakelsprüche ins Englische variieren enorm. Palmer wählte zum Beispiel** die Überschriften »To the Devotee«, »The Flying One« und »The Traveller« für die ersten drei Verse. Karcher nennt sie stattdessen »A Lucky Fate«, »Young Whales« und »The Tireless Swallow«. Geht es also um Jünger bzw. Anhänger, um einen, der fliegt, und um den Reisenden oder um ein gutes Schicksal, junge Wale und eine nimmermüde Schwalbe?

Der erste Vers bei Palmer heißt, wörtlich ins Deutsche übertragen:

> *Von Anbeginn der Schöpfung besaß alles Sinn:*
> *Der glückliche Tag bringt alles, was fruchtet,*
> *zur Reife ...*
> *Dann kommt die Offenbarung,*
> *und nimm sie nicht leicht –*
> *das Wesen, das reinen Herzens ist,*
> *wird vom Göttlichen Einen gesegnet*
> *(oder: begnadet).*

---

* Palmer et al., a.a.O. S. 101
** Palmer et al., a.a.O. S. 121 f.; Karcher, a.a.O. S. 89 ff.

Karcher schreibt stattdessen:

*Obwohl dir ein glückliches Schicksal gegeben wurde,*
*ist die Zeit noch nicht reif für dich.*
*Kuan Yin möchte sagen:*
*Wenn du loyal und wahrhaftig bist, wird dir dieses*
*Schicksal bald zuteil.*

Ich habe mich bei den folgenden Sprüchen zwar von diesen beiden Vorlagen inspirieren lassen, bin aber doch im Wesentlichen den intuitiven Eingebungen »von oben« gefolgt.

Mein Ziel dabei war, dem Leser Kuan Yins Weisheit möglichst klar zu erschließen, auf dass er in der Begegnung mit ihr hilfreiche Inspiration erfahren kann.

Im Anschluss an die einhundert Orakelsprüche habe ich Hinweise aufgeführt, wie man damit arbeiten kann.

# Die einhundert
# ORAKELSPRÜCHE
# der Kuan Yin

*nebst Hinweisen zu
ihrer Deutung*

# 1.        Die Schöpfung

### *Kuan Yin sagt:*

Alles hat seinen Sinn, seine Bedeutung.
Es gilt, die Glück verheißende Existenz
als Mensch auf rechte Weise zu nutzen;
es gilt, die richtigen Zeitpunkte der
Reifung der jeweiligen Entwicklungen
und Angelegenheiten abwarten zu
können,dann erfolgt die Offenbarung
von Zusammenhängen. Der Mensch,
der reinen Herzens ist, wird vom
Himmel gesegnet.

### *Kuan Yin hilft:*

Wenn du dich auf den kosmischen
Energiefluss einlässt, strömen dir neue
Kräfte zu. Ein Neuanfang bringt dir
neue Hoffnung und Erfolge auf einer
höheren Ebene. Mitgefühl und Einsicht
können dein Leben entscheidend
verändern.

# Kräfte sammeln zum großen Sprung

2.

### Kuan Yin sagt:

Junge Wale treiben fast bewegungslos
in den Wassern. Deine Chance wird
kommen. Eines Tages erwachst du zu
deinem vollen Potenzial und springst
wie ein Lachs durch das Tor des
Drachen in dein Glück und ein neues
Leben. Bis dahin schützt die sichere
Heimat vor den Stürmen des Lebens.

### Kuan Yin hilft:

Sicherheit und Stabilität ergeben sich
aus dem, was du bist und wofür du
einstehst. Mache jetzt keine übereilten
Schritte, und greife nicht nach den
Sternen. Der Glück verheißende
Augenblick zum Sprung auf eine neue
Stufe kommt ganz von selbst.

# 3. Die Reisen der Schwalben

### Kuan Yin sagt:

Die Schwalbe kehrt nach dem Winter zurück und muss auf ihrem Fluge viele Stürme überwinden. Es dauerte lange, bis sie im letzten Jahr ihr Lehmnest gebaut hatte, und nun muss sie damit wieder von vorn beginnen. Unermüdlich fängt sie sogleich an, ihr neues Nest zu bauen.

### Kuan Yin hilft:

Jeder Mensch ist wie ein Reisender, der durch die Stürme des Lebens zieht und immer wieder aufs Neue eine Bleibe aufbauen muss. Selbst wenn deine Handlungen nicht das zu bewirken scheinen, was du erstrebst, bleibe beharrlich, und du wirst immer wieder Erfolg haben.

# Der zerbrochene Spiegel

### *Kuan Yin sagt:*

Ein alter Spiegel, der zerbrochen ist,
kann wieder zusammengeklebt werden.
Ein Zaun, der auseinandergefallen ist,
kann wieder repariert werden. Eine
Beziehung, die zerbrochen ist, kann
wieder geheilt werden. Aber auch: Die
Frau kann ihren Mann verlassen und
einen anderen wählen.

### *Kuan Yin hilft:*

Nach einem Streit oder einer Trennung
kann eine Beziehung wieder geheilt
werden, wenn du deine Kümmernisse
und Verletzungen in den Fluss der
Heilung gibst und neu beginnst. Vergib
und vergiss! Baue ein neues Nest,
gib Kindern – den äußeren und den
eigenen inneren – eine Heimat.

# 5.

# Eine verborgene Quelle finden

### Kuan Yin sagt:

Es ist schwierig, in einem dürren Land, unter vertrockneter Erde eine Quelle zu finden. Man muss dort schwer arbeiten und tief graben. Ein Himmelswesen ist dir nahe und wird dich zum richtigen Ort führen und dir das rechte Vorgehen zeigen, wenn du beharrlich bleibst. In diesem Wesen wirst du dich später sogar selbst erkennen können!

### Kuan Yin hilft:

Auch wenn die Umstände widrig sind, die Mittel knapp und die Aussichten karg – es ist lohnenswert, sich beherzt und überlegt zugleich einzusetzen. Beherzt, weil das Wort gilt: »Ohne Fleiß kein Preis.« Überlegt, weil Hindernisse auch dazu dienen, dass du überdenkst, ob du die richtigen Ziele mit den angemessenen Mitteln verfolgst oder ob du besser realistischere Ziele und praktischere Ansätze wählen solltest.

# Ein kupferfarbener Vogel fliegt zu einem Felsen

6.

### *Kuan Yin sagt:*

Sei ganz du selbst. Jeder Mensch kann auf seinen eigenen Füßen stehen, auch wenn er nicht über Himmel und Erde verfügt. Unser aller Lebensaufgabe ist, Harmonie auf unserem Weg zu finden und die spirituellen Pfade anderer Menschen zu achten, ohne dabei unseren eigenen höher oder niedriger einzuschätzen.

### *Kuan Yin hilft:*

Sei mit dem zufrieden, was ist, wo du bist und was du hast … Die Früchte deines Seins und Tuns kannst du jederzeit um dich herum sehen und ernten. Erlaube dir mehr Freude im Alltag, lerne etwas von den Vögeln, die in freiem Fluge durch den Himmel ziehen und das Leben so nehmen, wie es kommt.

# 7. Der schlammige Fluss

### Kuan Yin sagt:

Wasser und Schlamm haben sich vermengt. Von den Bergen bringt der Fluss Erde und Lehm. Die ruhelose Strömung, die Strudel und Wellen machen das Fortkommen schwierig. Man fühlt sich entwurzelt, wenn man sich jetzt zu weit vorwagt oder etwas unternimmt, was aus dem normalen Rahmen herausfällt.

### Kuan Yin hilft:

Überlege dir doppelt genau, was du tust und welche Folgen es haben wird, wenn du jetzt handelst, anstatt abzuwarten. Es ist wichtig, sorgfältig und ordentlich vorzugehen und die persönlichen Energien und Mittel effektiv einzusetzen. Allerdings sollst du auch nicht an etwas festhalten, was Wandlung erfahren will – weder auf der Gefühlsebene noch bei Glaubensmustern oder im materiellen Bereich.

# Kiefer und Zypresse

8.

### *Kuan Yin sagt:*

Bestimmte Nadelbäume bewahren
immer ihr Grün, auch im bitterkalten
Winter; sie wachsen geradewegs nach
oben, zum Himmel. Wind und Wetter,
Sturm, Frost und Schnee können ihnen
nichts anhaben. Ihre Stämme geben
uns eines Tages ein schützendes Dach
über dem Kopf; ihre Äste schenken uns
Wärme.

### *Kuan Yin hilft:*

Du kannst wie Kiefer und Zypresse
sein: eine Säule deiner Gemeinschaft,
ein Eckpfeiler deiner Familie, ein
tragender Balken im Tempel des
Lebens. Gehe hinaus in die Wälder,
atme ihre stille Schönheit, ihren
gelassenen Frieden. Das wird dich
mit einer Freude erfüllen, die auch in
deinen Alltag ausstrahlt.

# 9.

# Mondschein in wolkenloser Nacht

### *Kuan Yin sagt:*

Das Rund des Mondes birgt eine tiefe Symbolik: eine Ganzheit, die erst offenbar wird, wenn ein größeres Licht sie bescheint. Ein Mensch, der aufrichtig ist, lässt sich nicht von negativen Gefühlen zu einer falschen Handlungsweise drängen. Sein lichtes Herz bleibt rein wie der Vollmond in dunkler Nacht.

### *Kuan Yin hilft:*

Du erhältst die Hilfe des Himmels wie durch ein weiches, weißes Gnadenlicht um dich herum. Vielleicht spürst du seine Gegenwart eher, als dass du es siehst. Deine offene Zuversicht und klare Entschlossenheit entwickeln sich stark; deine Vorhaben stehen unter einem guten Stern. Öffne dein Herz weit, und nimm auch Hilfe von anderen an.

# Die merkwürdige Schatzsuche

### Kuan Yin sagt:

Ein Mensch mit einer brennenden Fackel sucht nach Feuer; ein Mensch auf der Suche nach Jade und Edelsteinen schaut sich in fremden Ländern danach um und bemerkt nicht, dass ihm in seiner Heimat bereits alles zu Füßen liegt. Wenn die Ernte fast reif ist, muss man nicht in die Ferne wandern.

### Kuan Yin hilft:

Verschwende deine kostbare Zeit nicht damit, etwas dort zu suchen, wo es nicht zu finden ist, wenn doch schon alles, was du brauchst und möchtest, um dich herum bzw. in dir selbst vorhanden ist. Du brauchst bloß deine eigenen inneren Fähigkeiten und Kräfte anzuwenden. Du findest das richtige Gleichgewicht zwischen Welt und Geist in dir selbst – und auch den Funken der Ewigkeit.

# 11. Glück im Unglück

Es gibt kein irdisches Glück, das ewig
andauert. In Gesellschaft und Familie,
im Beruf und in der Liebe herrscht
ein stetiges Auf und Ab. Aber auch
unter ungünstigen Bedingungen und
Umständen lassen sich positive Dinge
erreichen und ergeben sich unerwartete
Glücksfälle.

*Kuan Yin hilft:*

Du kannst dein Schicksal verändern,
wenn du nach innen gehst und betest,
wenn du eine weise Führung suchst,
wenn du deine Kräfte sammelst. Auch
in einem Verlust kann ein Gewinn
verborgen sein. Wenn eine Tür sich
schließt, öffnet sich irgendwo anders
eine andere. Du musst etwas Altes
loslassen, um etwas Neues zu gewinnen.

# Hell und dunkel unterscheiden

12.

### Kuan Yin sagt:

Es gibt eine feine Linie zwischen dem, was edel und hell ist, und jenem, was gemein und dunkel ist. Ein guter Geist wartet am Fuß des Berges auf dich, um dir gute Nachrichten zu übermitteln. Er wird dir weiterhelfen.

### Kuan Yin hilft:

Das, worauf sich dein Herz ganz konzentriert, kann durch das Erklimmen des Berges der Weisheit erreicht werden. Persönliche Entwicklung und spirituelles Wachstum sind möglich, wenn du alte Muster durchbrichst – auch wenn dieser Prozess vielleicht schmerzhaft ist. Wieder gilt: Die wahren Schätze sind in dir!

# 13.

# Das Drachentor
# steht dir offen

### *Kuan Yin sagt:*

Dein Schicksal ist dir günstig, als ob du
in eine edle Familie geboren wärest oder
der Kaiser dir einen goldenen Gürtel
verliehen hätte. Deine Ausstrahlung,
dein »Charisma«, wird so weit reichen
wie die Weltmeere. Befreie dich von
negativen Banden der Vergangenheit,
und lebe deiner wahren Natur
entsprechend.

### *Kuan Yin hilft:*

Es ist alles kurz davor, emporzusprießen
und zu erblühen. Deine Aussichten sind
sehr gut, deine Zuversicht ist stark. Du
kannst deine Mittel und Fähigkciten
jetzt so anwenden, dass sie allen
Beteiligten Nutzen bringen. Du erhältst
eine »Einladung in den Drachenpalast«,
also einen Zugang zu Einfluss und
Glück.

# Der Kranich fliegt

14.

### *Kuan Yin sagt:*

Der Kranich, Symbol des unsterblichen
Geistes und der ewigen Seele, kann aus
dem Käfig heraus und ungehindert in
alle Himmelsrichtungen fliegen – in
den Norden, den Süden, den Osten
oder den Westen. Sogar der neunte,
der höchste, Himmel, hat dem weisen
Kranich seine Tore geöffnet.

### *Kuan Yin hilft:*

Nichts hindert dich auf deinem
Lebensweg und auch nicht auf deinem
Weg in die höheren spirituellen Reiche
des Geistes. Gehe über die bisherigen
Grenzen von Beruf und Familie, von
Ortschaft und Gemeinschaft hinaus,
und erkunde die große, weite Welt.

# 15.

# Ein Vogelnest
# wird zerstört

*Kuan Yin sagt:*

Manchmal braut sich aus heiterem
Himmel ein Sturm zusammen und
entlädt sich völlig unerwartet, so wie
das Nest eines Vogels bisweilen durch
einen brechenden Ast vom Baum
heruntergeschlagen wird. Es gibt
Zeiten, in denen du hungrig und müde
umherwanderst und keine Ruhestätte
findest.

*Kuan Yin hilft:*

Um Frieden zu finden, ziehe dich
zurück in möglichst unberührte
Natur. Du bewegst dich in die richtige
Richtung. Die vitalen Kräfte der Flora
(Hildegard von Bingen sprach von
der »Grünkraft«!) können Leib und
Seele wieder aufbauen und stärken.
Das Leben an sich bietet dir genügend
Ressourcen für deinen Weg.

# Frohes Erstaunen 16.

Ein Landarbeiter findet auf dem Feld
ein Stück Jade und wischt es sauber.
Mond und Sonne, Yin und Yang sind
im Gleichgewicht und verheißen einen
glücklichen Lebensabschnitt. Jetzt
besteht kein Anlass, sich Sorgen zu
machen oder Ängsten nachzusinnen,
sondern es gilt der Freude im Leben
weiten Raum zu geben.

*Kuan Yin hilft:*

Nutze die Stunde und die Zeit, um
dein Leben (wieder) ins Gleichgewicht
zu bringen, damit die Energien frei
fließen können. Du wirst dich dabei
zufrieden und erfüllt fühlen. Du bist
dabei, einen Schatz zu finden – innere
und äußere Harmonie: Warum solltest
du dich noch sorgen, anstatt dich zu
freuen?

# 17.    Ein taubes Ohr

*Kuan Yin sagt:*

Wenn du Klatsch hörst, wenn sinnlos
über andere Menschen geschwatzt
wird, wenn Gerüchte oder Skandale
herumschwirren, leihe ihnen weder dein
Ohr noch dein Herz. Es wäre, als ob
jemand satt werden wollte, indem er das
Bild eines Kuchens äße.

*Kuan Yin hilft:*

Verbringe deine Zeit damit, Zuflucht
in der Buddha-Natur zu nehmen und
darin Befreiung zu finden. Löse dich
von Neid, Eifersucht und Habgier
– die Kirschen aus Nachbars Garten
schmecken nicht süßer als deine
eigenen. Wenn du dich nicht von
Illusionen leiten lässt, sondern geerdet
bleibst, dann ist dies eine fruchtbare
und schöpferische Zeit für dich und
deine Vorhaben.

# Der Wechsel von Sonne und Mond

### Kuan Yin sagt:

Die goldene Krähe sinkt, das weiße
Kaninchen steigt – die alten Symbole
für Sonne und Mond. Der stetige
Wechsel der Gestirne, Tag und Nacht,
die Monate und die Jahreszeiten sind
Sinnbild des Wandels, der typisch
für unser aller Leben ist und seit
unvordenklichen Zeiten besteht.

### Kuan Yin hilft:

Wer diesen natürlichen Wandel erkennt
und sich auf in einlässt, wird Glück
haben, sei es in Beziehungen, im
Beruf oder im Studium, in der Welt
des Geldes oder des Geistes. Bewahre
und pflege eine positive Einstellung in
Gedanken und Gefühlen, so werden
deine Handlungen auch günstige
Folgen zeitigen.

# 19. Stürmische See

*Kuan Yin sagt:*

Eine Fähre wird in tosenden Wassern hin und her geworfen. Der Steuermann hat keine Gewalt mehr über ihre Fahrt. Jetzt gilt es nur noch, inbrünstig zu beten, geduldig zu warten und sich nicht von dunklen Gedanken überwältigen zu lassen.

*Kuan Yin hilft:*

Es gilt abzuwarten, bis die Stürme des Lebens wieder etwas abgeklungen sind. Dein Lebensschiff scheint außer Kontrolle zu sein, aber das ist kein Grund, deinen Kopf sinken zu lassen und dich als passives Opfer höherer Mächte zu fühlen. Vielmehr solltest du jetzt auf der Persönlichkeitsebene Prioritäten setzen, Entscheidungen treffen und auf der spirituellen Ebene dafür beten.

# Der Himmel klart auf

20.

### Kuan Yin sagt:

Nach langen schweren Regenfällen klart der wolkenverhangene Himmel endlich wieder auf. Die grauen Tage und Nächte sind vorbei, Sonne und Mond strahlen wieder hell. Eine Zeit der Freude bricht an, und du kannst mit einem Sprung zum Drachentor gelangen.

### Kuan Yin hilft:

Die Phase der Beschränkungen ist vorbei. Du spürst neues Leben durch dich hindurchströmen. Du kannst neue Pläne schmieden bzw. eine andere Richtung einschlagen. Du bekommst wieder leichter Zugang zur spirituellen Welt und stößt auf geistige ebenso wie auf irdische Kostbarkeiten.

# 21.

# Vereinigung

*Kuan Yin sagt:*

Himmel und Erde verbinden sich, das
Unsichtbare und das Sichtbare werden
vereint. Sonne und Mond werden ein
Paar wie der Drache und die Schlange.
Die Harmonie von Yin und Yang
ist ein süßer Traum und Zeichen für
Erfüllung.

*Kuan Yin hilft:*

Auf der Ebene der Beziehungen ist die
körperliche und seelische Vereinigung
von Frau und Mann eine Form der
Harmonie von Yin und Yang. Aber
auch zwischen Eltern und Kindern oder
zwischen Freunden, sogar zwischen
Geschäftspartnern bzw. Kaufleuten
und Kunden ist eine solche Harmonie
möglich. Strebe danach!

# Regen nach Trockenheit

### Kuan Yin sagt:

Wenn Trockenheit über die jungen
Reispflänzchen fällt und sie zu
verwelken und abzusterben drohen,
ist man dem Himmel dankbar dafür,
wenn ein Regenguss kommt und die
Erde aufweicht. Das ist mehr wert als
Tausende von Goldmünzen. Pflanzen,
Blumen, Büsche und Bäume werden
von den Wurzeln her genährt.

### Kuan Yin hilft:

Deine Welt reift heran und wird für
dich und andere Früchte tragen. Du
wirst Hilfe in Schwierigkeiten erhalten.
Es ist jedoch wichtig, dass du dir
über die Bedeutung von Regen bei
Trockenheit, also der Hilfe »von oben«,
bewusst wirst – nur so wirst du Gnade
und Segen wirklich zu schätzen wissen
und lädst sie immer häufiger in dein
Leben ein. Seele und Gemüt werden
rein, frei und wieder harmonisch.

# 23.

# Streben nach Unsterblichkeit

### *Kuan Yin sagt:*

Du versuchst, auf dem sagenhaften Lorbeerbaum zum Palast des Mondes hinaufzuklettern, das Himmelstor ist jedoch verschlossen. Du hast es aber wenigstens versucht. Die Menschen werden still vor sich hin lächeln und sich an deinem Leben erfreuen. Bald taucht ein mächtiger Himmelsbote auf, der dir hilft.

### *Kuan Yin hilft:*

Deine Bemühungen, dein klarer Wille und fester Einsatz werden belohnt und mit einem Lorbeerkranz gekrönt. Du hast eine Glückssträhne; eine Zeit der Ernte ist angebrochen, für etwas, was du selbst gesät hast. Teile deine Erfolge mit anderen, und bewahre Dankbarkeit.

# Narreteien

24.

*Kuan Yin sagt:*

Wenn die Vernunft abhanden
gekommen ist, dann wird der Friede in
Haushalt und Gemeinschaft, Familie
und Arbeit durch ungerechtfertigte
Vorwürfe und Dummheit bedroht. Es
ist dann, als ob welkende Blüten auf
dem salzigen Meerwasser trieben.

*Kuan Yin hilft:*

Wenn man nicht mehr auf den
Sinn achtet, wenn Menschlichkeit
verloren geht, dann ist für die Gnade
des Verstehens und Vergebens kein
Platz mehr. Narreteien hindern den
Fortschritt; man wird aus der Bahn
geworfen, und Probleme entstehen.
Mache jetzt lieber Umwege, oder ziehe
dich eine Weile zurück; meditiere!

# 25.    Ein alter Brunnen

*Kuan Yin sagt:*

Ein verlassener Brunnen, der schon
völlig ausgetrocknet schien, füllt sich
mit frischem Wasser. Die Sorgen der
Vergangenheit liegen hinter dir, sie sind
nur noch Illusionen. Lass sie los, und
die Welt wird neu für dich erblühen.
Ein großes Herz kann wieder wie eine
klare Quelle überströmen. Folge deinem
Herzen, und alles ist gut.

*Kuan Yin hilft:*

Arbeite weiter an dem, was noch nicht
abgeschlossen ist, dann wirst du eine
Wiedergeburt im Geist und ungeahnte
Fröhlichkeit erleben. Du spürst Liebe
und eine neue Begeisterung für deine
Ziele und Pläne. Um dich herum
siehst du Licht. Selbst in schwierigsten
Situationen – auch finanzieller Art
– kannst du Hilfe erwarten.

# Trügerische Eindrücke

# 26.

### *Kuan Yin sagt:*

Es scheint, als ob Gerüchte umgehen
über das Verhalten von bestimmten
Menschen oder über deren Zukunft.
Wenn du dich fernhältst von Illusionen
und falschen Erwartungen, wirst du
vielleicht etwas ins Stolpern geraten,
aber dennoch Führung von oben
erfahren und vorwärtskommen.

### *Kuan Yin hilft:*

Versprich nichts, was du nicht halten
kannst, und du wirst dir eine Menge
Komplikationen im Leben ersparen.
Außerdem wird man dich achten und
deinen Rat suchen. Wenn du nicht
danach strebst, flüchtigen Ruhm oder
Macht über andere Menschen zu
erlangen, wirst du Seelenfrieden finden
und dein wahres Selbst entdecken.

# 27.    Starke Mauern

*Kuan Yin sagt:*

Feste Fundamente, gute Mauern, ein
dichtes Dach, ein sicherer Zaun um
Haus und Garten: Du planst sorgfältig
und gut, um ein gesichertes Leben zu
führen, auch in materieller Hinsicht.
Deine Familie gibt dir Halt und du
ihr. Dieser Lebensabschnitt steht unter
einem guten Stern.

*Kuan Yin hilft:*

Materieller Erfolg wird dann von Dauer
sein, wenn du auch deine geistigen
Erfahrungen und Einsichten umsetzt.
Dann kannst du dich in deinem Leben
an einer reichen Ernte erfreuen. Dabei
wirst du auch anderen Menschen, die
dir nahestehen, helfen, sich sicher und
beschützt zu fühlen.

# Der Mond hinter Wolken

# 28.

### *Kuan Yin sagt:*

Der Mond steigt auf – verborgen zwar hinter den Wolken, doch wir wissen um seine Anmut. Die Wolke verdeckt sein Licht, und somit scheinen die Umstände, in denen wir uns befinden, eher finster. Doch werden die Wolken sich bald zerstreuen, und das weiche, helle Licht des Mondes wird uns erfreuen.

### *Kuan Yin hilft:*

Unter der Oberfläche der Dinge wirst du das finden, was dein Herz erfüllt. Beachte nicht, was andere Menschen, die dich und deine Lebenssituation gar nicht kennen, so daherreden. Im Moment mögen die Dinge zwar unklar sein, aber bald wirst du wieder alles im hellen Licht der Wahrheit und Schönheit sehen.

# 29. Das edle Schwert

*Kuan Yin sagt:*

Ein kostbares und reines Schwert, das
in der Sonne glänzt und funkelt wie
Gold und Sterne, aber lange unbenutzt
in der Scheide ruhte, wird von einem
edlen Menschen in den Händen
geschwungen. Der Weise geht vorwärts,
um das zu tun, was getan werden muss.
Das erregt Erstaunen und bisweilen
auch Neid.

*Kuan Yin hilft:*

Die eigenen Gaben und Fähigkeiten,
Talente und Chancen zu nutzen
ist gewissermaßen eine heilige
Handlung der schöpferischen
Selbstverwirklichung, die zum Schicksal
eines jeden Menschen gehört. Lass
dich nicht von Verwunderung oder
Eifersucht daran hindern, dein Licht
strahlen zu lassen und erfolgreich
zu sein.

# Ein guter Rat

# 30.

### Kuan Yin sagt:

Der weiße Kranich muss sich vor dem aus dem Hinterhalt abgeschossenen Pfeil hüten. Wenn man Brennholz aus dem Unterholz zieht, kann daraus eine zischende Schlange hervorschießen. Jetzt ist nicht die Zeit, übertrieben ehrgeizig zu sein und hohe Risiken einzugehen. Gibt es Feinde in unserer Umgebung, oder sabotiert uns unser eigenes Ego?

### Kuan Yin hilft:

Mach dich mit Recht und Gesetz vertraut, und halte es ein. Wenn du dich auf deine und deiner Ahnen Erfahrungen verlässt, wirst du von einem guten Geist beschützt und musst keinerlei Sorgen oder Kümmernisse befürchten. Es wäre besser, bei neuen Vorhaben sehr überlegt vorzugehen oder sogar abzuwarten.

# 31.

# Gelassenheit

*Kuan Yin sagt:*

Der Edle führt ein entspanntes, gelassenes Leben. Er atmet tief, ruhig und regelmäßig. Er hält inne, erfreut sich an einer Tasse Tee, die er mit Muße genießt. Er lässt sich nicht sinnlos auslaugen von den ohnehin veränderlichen, oberflächlichen und nutzlosen Launen der allgemeinen Meinung.

*Kuan Yin hilft:*

Entspanne dich, nutze das über viele Jahre hinweg angesammelte Wissen, und genieße das Leben. Damit tust du sehr viel für deine seelische und körperliche Gesundheit. Nutze die Weisheit der Alten. Wenn du mit einer bodenständigen Einstellung gemächlichen Schrittes unterwegs bist, wirst du Erfolg haben.

# Jade im Stein

32.

### *Kuan Yin sagt:*

Deine Lebensreise mag mühselig
und lang erscheinen, deine Zukunft
eher noch trüb – und du weißt nicht,
wann du ins Licht gelangst. Es ist wie
bei einem Edelsteinsucher, der lange
zwischen Felsbrocken und Kieseln sucht
und schließlich kostbare Jade findet,
sie herausschneidet und ans Tageslicht
bringt.

### *Kuan Yin hilft:*

Du bist schon seit Anbeginn der
Zeiten unterwegs, daher musst du
jetzt nicht eilen. Du bist und warst
schon immer eins mit dem Selbst und
dem Tao, daher musst du jetzt nichts
herbeizwingen. Das kostbare Juwel ist
immer da. Es blitzt im Sonnenlicht am
Tage oder schimmert im Mondlicht
in der Nacht – sobald du spürst und
schaust und dich auf das Leben einlässt.

# 33.

# Jade im Herzen

*Kuan Yin sagt:*

Warum in die Ferne schweifen, wenn
das Gute so nah liegt? Du bist mehr
als Haut und Knochen oder Fleisch
und Blut. Das kostbare Juwel ist nicht
nur in dir – du selbst, dein Selbst, dein
bewusstes Sein ist der Edelstein, nach
dem du so rastlos suchst. Sei ganz im
Hier und Jetzt!

*Kuan Yin hilft:*

Du musst dich nicht abmühen und
durch ferne öde Weiten wandern, um
deine Ziele zu erreichen – sie sind
bereits hier. Der Frühling blüht rings
um dich herum, wenn du ihn nur
erst in deinem Inneren entdeckst. Du
kannst dich und dein Leben heilen und
dann auch anderen Menschen dabei
helfen, ihr Leben zu meistern.

# Sonne am wolken- losen Himmel

# 34.

### *Kuan Yin sagt:*

Die Sonne scheint mit ihrem Licht
überallhin, sie erhellt und erwärmt, und
am Mittag hält man Rast im Schatten
eines Baumes. Wenn dein Herz
aufrichtig ist, deine Worte klar sind und
deine Handlungen auf rechte Weise
erfolgen, lebst du für die Wahrheit. Du
kannst getrost Rast halten; dein Weg
bleibt frei.

### *Kuan Yin hilft:*

Du bist im Licht und deshalb kreativ.
Du kannst eine deutliche Verbesserung
des Lebens als Frucht deiner bisherigen
Lebensweise erwarten. Du wirst Glück
haben, Mittel werden dir zufließen,
andere Menschen werden dich fördern.
Es gibt keine verborgenen Gefahren.
Du kannst deiner Gemeinschaft von
Nutzen sein.

# 35. Der freie Weg

*Kuan Yin sagt:*

Wo dichtes Gestrüpp und Dornbüsche deinen Weg versperren, musst du den Weg erst frei machen, bevor du gut vorwärtsschreiten kannst. Wo Disteln und Büsche es dir selbst in deinem Haus oder in deinem Inneren schwer machen, befreien dich Tugend und Liebe und machen dir das Leben einfacher und schöner.

*Kuan Yin hilft:*

Was behindert dich? Lass es los, bzw. ersetze es durch eine lichtvolle innere Haltung. Was bislang schmerzlich oder mühsam war, lässt sich durch eigene Kraft beseitigen. Du wirst dich fühlen, als ob du einen bequemen und gut beleuchteten Weg entlanggingest.

# Goldene Ketten abschütteln

## 36.

### Kuan Yin sagt:

So wie ein kluger Affe seine Freiheit in den Bergen wiedergewinnen will, auch wenn er mit goldenen statt eisernen Ketten fernab seiner Heimat gehalten wird, so drängt das wahre Selbst zu Freiheit und Wiedervereinigung mit dem Tao, auch wenn irdische Freuden noch so sehr locken mögen.

### Kuan Yin hilft:

Selbst wenn du jetzt gerade in Problemen steckst, sei so geduldig wie der sprichwörtliche Affe aus den Bergen, der auf seine Chance zur Befreiung wartet und sein Ziel nie aus den Augen verliert. Wenn du die Ketten von Geiz und Neid, Groll und Habgier, Angst und Mangel an Selbstwertgefühl abwirfst, erfährst du wieder die ursprüngliche Freiheit deines Herzens.

# 37.

# Kerze im Wind

*Kuan Yin sagt:*

Es macht nicht viel Sinn, eine Kerze
im starken Wind entzünden zu
wollen. Seinen Kopf aus der Menge
hervorzustrecken, wenn überall Feinde
lauern und Gefahren drohen, ist nicht
ratsam. Es gibt eine Zeit, in der es
besser ist, wie ein Einsiedler zu leben
und seine Fähigkeiten und Mittel nicht
öffentlich zu zeigen.

*Kuan Yin hilft:*

Bleibe jetzt nicht an dem Ort, an dem
du dich befindest; gehe besser von
dort weg, ziehe dich zurück. Es ist eine
turbulente Zeit, in der man sich Gebet
und Meditation, einer bewussten,
spirituellen Lebensweise zuwenden
sollte. Selbst wenn jetzt eine Illusion
zusammenbricht, geht es später wieder
gut weiter.

# Abwarten

# 38.

*Kuan Yin sagt:*

Niedrig hängende Wolken verdunkeln den Mond; ein starker Regen behindert die Sicht. Lass nicht zu, dass dir das Herz von einem vorübergehenden Sturm schwer wird; bewahre deine Erwartung auf Worte der Weisheit aus dem Buch des Himmels. Auf das Dunkel folgt immer wieder Licht.

*Kuan Yin hilft:*

Die Früchte deiner Sehnsucht und deiner Erfahrung können in Ruhe in dir reifen, während du darauf wartest, dass der Regen nachlässt und das Mondlicht wieder hell scheint. Es macht nichts, wenn du dich jetzt noch nicht entscheiden kannst. Du wirst spüren, wenn dir alles klar geworden ist – und dann entsprechend handeln.

# 39.

# Seltsame Nachrichten

### Kuan Yin sagt:

Von jenseits des Horizonts erreichen uns merkwürdige Nachrichten. Sie klingen so rätselhaft, als wenn wir hörten, dass ein Mensch einen Felsen so lange polieren wollte, bis dieser wie ein Spiegel aussähe. Besinne dich auf deine innere Weisheit: Denke, fühle und handle wie ein vernünftiger Mensch, und verschwende deine Energie nicht.

### Kuan Yin hilft:

Dein gesammeltes Bewusstsein wird zwischen Illusion und Wirklichkeit zu unterscheiden wissen. Nutze die Zeit, um dein Leben in ein harmonisches Gleichgewicht zu bringen, ohne auf Einflüsterungen und Gerüchte zu achten. Du hast festen Boden unter den Füßen und kannst zum Wohle deiner selbst und deiner Lieben wirken.

# König und Königin 40.

*Kuan Yin sagt:*

Die rote Sonne geht unter, das weiße
Mondlicht breitet sich am Himmel
aus. Yang seufzt, nachdem es alles
durchflutet hat; Yin atmet ein und
entfaltet sich. Als männliche Kraft
erkennen, als weibliche Energie handeln
– das ist die rechte Weise, die Energien
im Gleichklang fließen zu lassen und zu
nutzen.

*Kuan Yin hilft:*

Die Yin-Kraft dehnt sich aus, während
sich die Yang-Kraft zurückzieht. Das
ist gut für Familie und Heim, für
die Öffnung des Herzens und der
Seele. Die aktive Entfaltung in der
Außenwelt, das erfolgreiche Handeln,
ist nun etwas zurückgestellt und muss
noch ein wenig warten, bis die Zeit
dafür wiederkommt.

# 41.

# Honigsüße Worte

*Kuan Yin sagt:*

Nimm dich in Acht vor Menschen, die
dir mit einer Silberzunge süße Worte
sagen, dich umschmeicheln – und
dich dann hintergehen. Das ist, als ob
du einen jungen Dieb an Kindes statt
annähmest und dich dann wundertest,
wenn du ausgenutzt, gedemütigt oder
in eine Falle gelockt würdest.

*Kuan Yin hilft:*

Überlege dir gut, was du tust – so
kannst du böse Folgen vermeiden, die
dich sonst vielleicht über lange Zeit
behindern. Wenn du dich jetzt vor
dem süßen Gift schmeichelnder Worte
hütest, kannst du die Zeit fruchtbar
nutzen. Prüfe wohl, ob jene, die sich
deine Freunde nennen, es auch wirklich
sind; ziehe auch im Berufsleben
nüchtern Bilanz.

# Ein Paradies auf Erden

### Kuan Yin sagt:

Vom Hofe des Himmels wird allezeit Gnade und Segen gesandt, Ehre und Wohlergehen, Barmherzigkeit und Güte. Wenn du all diesen Gaben in deinem Leben Raum gibst, gerät dir alles zum Besten. Dein ganzes Leben, ja Leben überhaupt, ist immer mit dem Himmel verbunden. Siehst und spürst du das?

### Kuan Yin hilft:

Auch wenn wir nichts wirklich »verdienen«, erhalten wir doch laufend alle möglichen Geschenke und Chancen; wir brauchen dafür nur offen zu sein. Lass deine Energie weit ausstrahlen, damit du für andere Menschen zum »Kanal« für diese Himmelsgaben werden kannst; so wird dir selbst weiterer Segen aus dem göttlichen Füllhorn zuteil.

# 43.

# Himmel und Erde im Gleichklang

### *Kuan Yin sagt:*

Die Myriaden der Wesen wachsen und gedeihen, weil Himmel und Erde in Harmonie sind und alles durchfluten. Es herrscht Frieden und Zufriedenheit, weil Segen und Weisheit zu allen strömen. Weise und Heilige strahlen diese Harmonie aus. Alles, was lebt, findet Schönheit und Entzücken und entwickelt sich.

### *Kuan Yin hilft:*

Du hast Mitgefühl und Selbstlosigkeit gesät, jetzt kannst du Freude und Liebe ernten. Welches Geschenk du damit erhältst! Ergreife und empfange die guten Chancen, die sich dir bieten, mit offenem Herzen und bereiten Händen. Du brauchst dich nicht anzustrengen, weil der Erfolg dir ohnehin zufließt.

# Das Schachspiel

# 44.

*Kuan Yin sagt:*

Du begegnest jemandem, der dir
entspricht und auf deinem Niveau
ist. Wie beim Schachspiel ist es oft
schwierig, den nächsten Zug genau
zu erkennen. Geduld und Intelligenz
werden über Gewalt und sinnlos
eingesetzte Macht immer triumphieren
können – wenn du dich selbst von
diesen Kräften frei machst.

*Kuan Yin hilft:*

In ernsten Situationen wird es für
den Menschen gut ausgehen, der von
Begeisterung und von Besonnenheit
erfüllt ist. Wer sich zeitig vorbereitet,
vermag spontan richtig zu handeln.
Solange du deine Mitspieler, deine
Gegner und die äußeren Umstände
richtig einschätzt, besteht kein Anlass
zur Sorge oder gar Angst.

# 45.

# Die Tore der Güte

*Kuan Yin sagt:*

Das Junge und das Alte können das
Feste und das Harte überwinden. Wenn
du die Gefühle von Glück, Dankbarkeit
und Seligkeit nährst, öffnen sich die
Tore der Güte. Dann wirst du deinen
Durst mit Nektar stillen können, der
vom Himmel kommt, und andere
damit ebenfalls beglücken.

*Kuan Yin hilft:*

Du bist ein gütiger, warmherziger
Mensch und kannst damit rechnen,
dass andere dir helfen. Dein Schicksal
begünstigt dich; setze Weisheit und
Willenskraft ein, um deine Fähigkeiten
richtig zu nutzen, und deine Pläne
führen zum Erfolg. Bleibe so, wie du
bist, und erfreue dich der Liebe, die du
anziehst.

# Die Helferin naht

46.

### *Kuan Yin sagt:*

Auch ein dürrer, starrer Baum wird eines Tages wieder blühen und Blätter sowie Früchte hervorbringen. Warte die richtige Jahreszeit ab. Unternimm jetzt überhaupt nichts, verharre still. Warte auf die Beschützerin und Helferin, die dich auf deinem Weg führen und bei deinen Handlungen anleiten kann.

### *Kuan Yin hilft:*

Längst vergessene Hoffnungen und schon lange verdrängte Träume können jetzt wahr werden. Dazu kannst und musst du jedoch nicht selbst aktiv werden, das würde die Dinge nur in die falsche Richtung lenken. Warte frohen Herzens und voller Zuversicht ab, und die Kraft von Kuan Yin wird dir helfen.

# 47.

# Erkenne
# deinen Weg

### *Kuan Yin sagt:*

Die ersten Blüten werden auf Seide und
Brokat gewoben; auf einem edlen Pferd
eilen Glück und Erfolg heran. Es ist
nie zu spät, die Prüfungen des Kaisers
zu bestehen und zu Ehre und Ruhm zu
gelangen. Lasse andere Menschen an
deinen Erfahrungen teilhaben, wenn du
auf deinem Weg bist.

### *Kuan Yin hilft:*

Du bist von edler Herkunft, also lebe
nicht unter deinem Stand. Du bist
ein Geist vom Geiste des Himmels,
also nimm deine Bestimmung an, und
gehe auf dem Lebensweg, der wirklich
der deine ist. In dir stecken Kraft und
Einsicht, Fertigkeiten und Gaben.
Schmiede also neue Pläne, und führe
sie aus.

# Rebhuhn und Drache

48.

### *Kuan Yin sagt:*

An einem Herbsttag verwandelt sich
das Rebhuhn in einen Drachen; der
Kranich fliegt in die Höhen empor und
wird zu einem Phönix. Durch dichte
weiße Wolken schwebt er, bis er in den
Himmel gelangt. Großes Glück, großer
Segen – du gelangst weiter, als du dir je
hast vorstellen können.

### *Kuan Yin hilft:*

Drachenenergie kommt in dein
Leben; schwing dich auf den Rücken
des Glücksboten, und beginne eine
wunderbare Himmelsreise. Schau nicht
hinunter und nicht zurück. Es steht
dir eine große Veränderung bevor. Du
wirst zwar nicht sofort sichtbare Erfolge
haben (die dichten weißen Wolken),
aber die Göttinnen beschützen dich.

# 49.     Tauwetter

*Kuan Yin sagt:*

Wasser wird in der Winterkälte zu
starrem Eis. Eines Tages wird es
schmelzen und wieder als Wasser
fließen. Wenn Himmel und Erde
frieren, muss man nicht versuchen,
nach draußen zu gehen und etwas zu
erreichen. Warte auf die rechte Zeit,
wenn sich alles wieder bewegt; dann
beginnt etwas Neues.

*Kuan Yin hilft:*

Im Frühlingswind können Gefühle,
die lange »auf Eis lagen«, wieder ins
Fließen kommen; dein Herz kann sich
wieder öffnen und aufblühen. Lass Altes
los, und verschenke es an die, die es
gebrauchen können. Nun beginnt eine
neue Phase deines Lebens. Es ist, als ob
du – wie befreit – auf einem neuen Weg
rasch vorankommst.

# Die Seefahrt

**50.**

*Kuan Yin sagt:*

Mit geblähten Segeln fährt das Schiff,
kundig gesteuert, in kräftigen Winden
über das Meer. Es wird eine Reise, von
der das Schiff beladen mit Schätzen
an Jade und wertvollen Edelsteinen
zurückkommen wird. Es ist gut, wenn
man weise Menschen damit beauftragt,
zur See zu fahren.

*Kuan Yin hilft:*

Dein Leben ist derzeit wie eine
Sommerreise bei klarem Wetter und
gutem Wind, welcher dein Lebensschiff
fröhlich dahingleiten lässt. Du hast
Erfolge, gewinnst neue Freunde und
kannst das Leben richtig genießen.
Öffne dein Herz und deine Sinne, dein
Gefühl und deine Seele noch weiter für
das Glück des Lebens.

# 51.

# Der Geist weht, wo und wie er will

### *Kuan Yin sagt:*

In der sengenden Sommerhitze,
unter der steil über uns stehenden
Mittagssonne, ist eine frische Brise
vom Himmel hoch willkommen.
Dann fühlen wir uns, als ob die Götter
unsere Seelen zärtlich liebkosen und
uns zeigen, dass sie uns nicht vergessen
haben – und wir erwachen aus unserer
Lethargie.

### *Kuan Yin hilft:*

Himmel und Erde wirken auf uns
Menschen; sie können sowohl
Dumpfheit und Niedergeschlagenheit
als auch Freude und Fröhlichkeit
auslösen. Hilfe ist schon unterwegs zu
dir. Deine Probleme sind nicht wirklich
groß. Bitte um die himmlische Einsicht,
die dir hilft, deine Situation hier auf der
Erde zu ändern. Das kannst du!

# Der Mond im Wasser

### Kuan Yin sagt:

Der Mond strahlt hell und spiegelt sich im klaren Wasser. Wenn du ihn dort, im Wasser, suchst, wenn du ihn dort berühren willst, verschwendest du nur deine Zeit und jagst einer Illusion nach. Beteilige dich also nicht an Klatsch und Tratsch, sprich nicht unüberlegt, weil all das nur deine Energie und Zeit vergeudet.

### Kuan Yin hilft:

Du scheinst flüchtigen Zielen hinterherzujagen. Du lebst »auf der Überholspur« und verlierst dabei nur allzu leicht deine wirklichen Aufgaben aus den Augen, gehst an den wahren Schätzen des Lebens vorbei. Jetzt ist es besonders wichtig, mit anderen Menschen harmonisch zusammenzuarbeiten.

# 53.

# Der Tiger brüllt, und der Drache faucht

### *Kuan Yin sagt:*

Tiger und Drache sind unruhig, wie
es oft auch der menschliche Geist ist.
Es ist nicht immer weise, dem eigenen
Gemüt und dessen Eingebungen
zu folgen. Schau hinauf in den
Nachthimmel, zur Milchstraße, und
du wirst erkennen, welche Erhabenheit
dort herrscht. Du wirst beizeiten
Erkenntnis und Anerkennung erlangen.

### *Kuan Yin hilft:*

Es ist Zeit, vorwärtszugehen und einen
großen Schritt in Richtung Erfolg zu
machen. Sieh jedoch die Dinge nicht
nur schwarz oder weiß, denke nicht,
dass es nur Ja oder Nein gäbe – und
die Welt wird für dich zu blühen
beginnen. Öffne dich für die Größe
der menschlichen Gaben, und andere
werden um deine Hilfe bitten.

# Die Seifenblase zerstechen

### Kuan Yin sagt:

Das Abbild von Bäumen und Büschen wird im schnell fließenden Wasser des Baches in immer wieder neuen Formen gespiegelt. Du erkennst, dass diese bruchstückhaften Reflexionen nicht die Wirklichkeit darstellen; sie tragen nicht. Schaue über die Wechselfälle in Familie, Gesundheit und Arbeit hinaus.

### Kuan Yin hilft:

Werde nicht bitter, indem du an den sich ständig verändernden Launen der Menschen und der Lebensumstände Anstoß nimmst. Finde in deine Mitte. Im Traum erscheint dir eine weise Wesenheit und erzählt dir von einem Schatz, der für dich bestimmt ist. Lasse dich von dieser Energie erfüllen.

# 55.

# Eine unerschöpf-
# liche Quelle

### *Kuan Yin sagt:*

Eine lange Reihe von Bambusstöcken
reicht, ineinandergelegt, bis zu einer
sprudelnden Quelle. Eine Generation
nach der anderen kann die Quelle so
nutzen. Wie sich die Familien um ihre
Kinder kümmern, so sorgt der Himmel
für alles, was notwendig ist, er lässt die
Gärten erblühen und Frucht bringen.*

### *Kuan Yin hilft:*

Wenn du dich innerlich auf deine
Ziele ausrichtest, deine Energien
sammelst und dich zielstrebig um
ihre Verwirklichung bemühst, werden
viele Menschen in deiner Umgebung,
eingeschlossen du selbst, daraus Nutzen
ziehen, auch noch in späteren Jahren.
Du wirst die richtigen Mittel und
Methoden finden und anwenden – der
Himmel steht dir bei.

---

*Dies ist einer der Verse, bei dem die Übertragungen
weit auseinandergehen: Heißt er bei Palmer »Die Familie«, spricht Karcher von der »Ewige Quelle«. Da

# Ein lauer, süßer Abend

### Kuan Yin sagt:

Die kühle Brise an einem warmen
Sommerabend, das weiche Mondlicht
scheint auf die duftenden Blumen,
ein naher Bach murmelt im Lauf
seines Wassers über die Kiesel leise
vor sich hin … Wenn die Umstände
entsprechend sind, dann kommen alle
Dinge zu einem guten Abschluss.

### Kuan Yin hilft:

So schön und wunderbar es sein
mag, was du gerade erlebst: Lass dich
dadurch nicht davon ablenken, auf
deinem eigenen Weg voranzugehen. Du
hast gute Chancen auf große Erfolge
– ob im Beruf oder auf Reisen, ob in
der Familie oder bei einem Umzug.
Halte den einmal eingeschlagenen Kurs.

---

eine dritte Übertragung davon ausgeht, dass jemand
(natürlich vergeblich) versucht, Wasser mit einem ge-
flochtenen Bambuskorb zu schöpfen, habe ich doch
Karchers Bild der »Wasserleitung« aus Bambusstäben
übernommen.

# 57. Zusammenarbeit

### Kuan Yin sagt:

Das Schicksal ist dir gnädig gesinnt.
Glück und Erfolg kommen durch
Zusammenarbeit mit anderen. Du
kannst deine Sorgen hinter dir lassen.
Lass dich nicht durch Vorurteile
oder Klatsch daran hindern, dich
mit einem anderen Menschen
zusammenzutun, gleich welchen
Alters er oder sie ist.

### Kuan Yin hilft:

Vergiss die Vergangenheit, und
freue dich an der Gegenwart.
Ehre und achte die Göttin der
Barmherzigkeit auf deinem Weg,
bei jedem Schritt, an jedem Tag.
Gemeinschaftserlebnisse erfreuen
das Herz und nähren den Geist der
Freundschaft. Innige Verbundenheit
mit anderen bringt dich wahrhaft
voran.

# Deine eigene Autorität

58.

### *Kuan Yin sagt:*

Suche das Glück nicht anderswo,
geh nicht herum, um die Meinung
anderer Leute zu hören. Lass los,
ruhe in dir selbst, und triff deine
eigenen Entscheidungen. Es gibt keine
bessere Gelegenheit, dein Leben zu
vervollkommnen, als an dem Ort,
an dem du jetzt bereits bist, und mit
deiner eigenen Kraft.

### *Kuan Yin hilft:*

Es ist gut, wenn du im Moment nichts
Großes veränderst, sondern dort bleibst,
wo du bist. Dein eigenes Urteil ist
stimmiger, dein Spüren ist tragfähiger,
als die Ansichten anderer Menschen
über dich und deine Situation es je
sein könnten. Es gibt keinen Grund,
unruhig zu sein. Du brauchst jetzt nur
Geduld.

# 59. Turm und Dornenstrauch

### Kuan Yin sagt:

Sich in einem hohen Turm zu verstecken scheint Sicherheit zu bieten. In einen Dornbusch verheddert zu sein scheint dich zu fesseln. Stimmt das jedoch? Auch in einem Turm kannst du aufgespürt werden, und auch aus der Umklammerung eines Dornbuschs kannst du dich befreien. Dein Schicksal wird auf einer höheren Ebene bestimmt.

### Kuan Yin hilft:

Auch wenn du dich irgendwie gefangen fühlst und nahe daran bist, hysterisch zu werden: Wach auf, reiß dich zusammen, konzentriere dich auf das, was zu tun ist. Halte dich an die alten Weisheiten und Erfahrungen, die du nun an die veränderten Lebensbedingungen anpasst. Lass dich auf den kosmischen Fluss ein.

# Öl ins Feuer gießen

# 60.

### Kuan Yin sagt:

Bringst du Brennholz in ein brennendes
Haus oder gießt du Öl in ein Feuer, um
die Flammen zu löschen, so wirst du
nur noch mehr Unheil stiften. Wenn
du deine Leidenschaften anfachst, diese
dann außer Kontrolle geraten und dich
ins Unglück stürzen – glaubst du, dass
dich Geld dann retten kann?

### Kuan Yin hilft:

Die Situation ist sehr instabil. Du
bist bereit, etwas zu tun, um anderen
Menschen oder dir selbst zu helfen,
wendest derzeit aber die falschen Mittel
an. Atme tief durch, lass dich in deine
geistige Mitte ein, bitte um Führung
»von oben« – und bald schon wirst du
Einsicht erlangen und aus dieser Lage
herausfinden.

# 61.

# Das Leben feiern

*Kuan Yin sagt:*

Wenn an einem neuen Tag die
Sonne aufgeht, beten und singen wir.
Wenn am Nachthimmel der Mond
emporsteigt, danken und feiern wir.
Warum sollten wir uns vor dem Leben
verstecken? Wende dich nicht vom
Leben ab, sondern nimm Anteil an
allem, was ist und was geschieht. Lasst
uns feiern, dass wir leben dürfen!

*Kuan Yin hilft:*

Es gibt selten wirklich gute Gründe,
eine sauertöpfische Miene aufzusetzen
oder sich von Kummer überwältigen zu
lassen. Hingegen gibt es sehr viel mehr
echte Anlässe, sich zu freuen, zu lachen
und das Leben zu genießen. Und wie
oft ändern sich die äußeren Umstände
unseres Lebens, wenn wir innerlich
glücklich sind!

# Der wahre Freund

62.

### *Kuan Yin sagt:*

Menschen, Vorhaben und Dinge reifen
mit Hilfe der edlen Wahrheiten.* Diese
Wahrheiten lebt uns ein wahrer Freund
vor: der Buddha. Er bringt Klarheit
und Weisheit. Einem solchen Freund
zu begegnen ist ein großer Glücksfall.
Dein höheres Selbst beginnt, Früchte
seiner Entwicklung, Einsicht und Kraft
im Alltag zu zeigen.

### *Kuan Yin hilft:*

Du gehst einer sehr glücklichen Zeit
entgegen, in der sich alle Sorgen und
Befürchtungen wie von selbst auflösen.
Die edlen Wahrheiten sowie Begleitung
und Schutz durch einen Freund,
wie den Buddha, bringen überallhin
Wohlergehen. Wenn du dich von der
Vergangenheit löst und dich ganz auf die
Gegenwart einlässt, löst sich auch altes
Karma völlig auf.

* Die »Vier edlen Wahrheiten« des Buddhismus sind:
das Vorhandensein von Leiden, die Ursachen von
Leiden, die Beendigung der Ursachen von Leiden
und der Pfad, der zur Beendigung der Ursachen von
Leiden führt.

# 63.

# Ohne Kompass

### *Kuan Yin sagt:*

Mitten auf dem Meer sind
Menschen auf einem Schiff
unterwegs. Sie haben keine
Orientierung, weil sie bereits bei
ihrer letzten Reise ihren Kompass
verloren haben. Selbst wenn sie ihn
jetzt wiederfänden, würde ihnen
das nicht helfen. Sie müssen sehen,
wie sie unter diesen schwierigen
Umständen dennoch an ihr Ziel
gelangen.

### *Kuan Yin hilft:*

Es hat keinen Sinn, Energie darauf
zu verschwenden, darüber zu
lamentieren, dass der Kompass
verloren ist, oder sich gegenseitig
zu bemitleiden. Vielmehr ist jetzt
die Zeit, nach einem neuen Weg
zu suchen; es gilt Einsicht und
Kräfte auf sinnvolle Alternativen zu
konzentrieren.

# Schicksal

*Kuan Yin sagt:*

Ein Fisch schwimmt im trüben, jadegrünen Wasser, umschlossen von einem großen Netz. Er ist gefangen. Er versucht, durch rasche Bewegungen irgendwie freizukommen, schafft es aber nicht. Seine eigenen Bemühungen sind völlig nutzlos. Jetzt hilft nur noch ein Eingreifen des Himmels.

*Kuan Yin hilft:*

Dein Leben scheint eigentlich ganz gesichert zu sein; du glaubst, alles »im Griff« zu haben. Und doch kann sich jederzeit etwas in unserem Leben ereignen, worüber wir keine Kontrolle haben. Wir können in Umstände hineingeraten, in denen das, was wir können und wissen, nicht ausreicht. Spätestens dann müssen wir um die Hilfe des Himmels bitten.

# 65.

# Weder gut
# noch schlecht

### Kuan Yin sagt:

Jetzt ist weder eine »gute" noch eine
»schlechte" Zeit. Es ist keine Zeit,
sich auf den eigenen Lorbeeren
auszuruhen, und auch keine Zeit,
sich selbst ein gesundes Stück Fleisch
herauszuschneiden, um es an einer
kranken Stelle des Körpers wieder zur
Heilung einzusetzen. Das würde nur
noch mehr Leid bringen.

### Kuan Yin hilft:

Wenn du etwas verändern willst,
dann gehe achtsam vor. Verletze oder
sabotiere dich nicht selbst dabei. Sei
aber auch nicht allzu selbstsicher, weil
bisher ja sowieso immer alles geklappt
hat. Spüre vielmehr, wo und wie Yin
und Yang in einen Ausgleich gelangen,
und du erreichst dein Ziel sowie Erfolg
wie von selbst.

# Die Sonne versinkt 66.

### Kuan Yin sagt:

Am frostigen Winterabend geht die
Sonne unter wie ein Schiff, das im
stürmischen Meer versinkt. Wenn
ein Mensch in Eile ist, gefährdet er
seine Kutsche, die Pferde und sich
selbst. Wenn eine ganze Kompanie
von Soldaten verloren geht, gibt es
Probleme. Zu große Eile beschwört
Risiken herauf.

### Kuan Yin hilft:

Halte inne, beruhige dich. Warte
ab, beobachte die Jahreszeit und
den natürlichen Rhythmus von Tag
und Nacht. Du musst nicht alles
selbst planen. Wenn du dich jetzt
zurückhältst, wird der Erfolg nicht
lange auf sich warten lassen. Stärke dein
Herz durch Meditation, Mitgefühl und
Gelassenheit.

# 67.

# Der goldene Mittelweg

### *Kuan Yin sagt:*

Der Weise hält sich auf dem mittleren Pfad. Er fügt den Dingen nichts hinzu und nimmt nichts hinweg. Das Ganze entwickelt sich aus sich selbst; da gilt es nur, in der Wahrheit zu ruhen und sich für Frieden zu öffnen. Du wirst aus dem Bewusstsein deines eigenen Seins strahlen.

### *Kuan Yin hilft:*

Den goldenen Mittelweg gehst du, wenn du in dir ruhst und aus dieser Kraft heraus handelst, wobei du dich zugleich auf den Fluss des Lebens einlässt, so dass du nicht gegen den Strom schwimmen musst. Lass dich nicht von Habgier beunruhigen oder von Geiz einschränken.

# Segensreiche Frühlingstage

68.

### Kuan Yin sagt:

Öffne deine Tore für großen Segen.
Die Tage werden länger, die Blüten
entfalten sich, zeigen ihre Farbenpracht
und verströmen wundervolle Düfte.
Es ist eine besondere Zeit. Bauern und
Gärtner, Paare und Familien finden
ihr Glück. Die Kranken genesen nun
rascher. Neues Leben beginnt.

### Kuan Yin hilft:

Du entdeckst verborgene oder
übersehene Schätze und Werte; du
findest neue Heilmittel oder stößt auf
neue Methoden, Erfolg und zugleich
Erfüllung zu finden. Es ist, als ob eine
unerwartete Frühlingszeit anbricht,
die wärmende Sonnenstrahlen und ein
Erwachen der Kräfte der Natur mit
sich bringt. Nutze diese Zeit, und führe
durch, was du dir vorgenommen hast.

# 69.

# Der Pflaumenbaum

*Kuan Yin sagt:*
Auf einem Hügel steht ein
Pflaumenbaum ganz für sich. Mit
dem ersten Frost fallen seine letzten
Blätter, und der Raureif bildet auf den
Zweigen eine dicke weiße Kruste. Die
Säfte ziehen sich zurück; er wirkt wie
tot. Und doch kommt eines Tages der
Frühling, der Baum erblüht wieder,
und das Leben schenkt ihm – und uns
– neue Schönheit.

*Kuan Yin hilft:*
Eine Periode zwischen Winter und
Frühling, wie eine fünfte Jahreszeit
– nach einem äußerlichen Erstarren
und der Sammlung innerer Kräfte, nach
einem mutigen Ausharren im Angesicht
von Widerständen wächst die innere
Zuversicht, dass neues Leben erwachen
wird. Du hast schon zahlreiche Winter-
und Frühlingszeiten erlebt.

# Bienen umschwirren die Blüten

### Kuan Yin sagt:

Im Frühling und im Sommer umschwirren die Bienen die Blüten. Auch im Herbst suchen sie noch nach den letzten Tropfen Nektar. Aber wohin sollen sie sich danach wenden? Die Regenzeit kommt, der Winter, und sie müssen eine Bleibe suchen.

### Kuan Yin hilft:

Du bist unablässig unterwegs. Du bist sehr damit beschäftigt, deine Zeit zu nutzen und dich um deine Angelegenheiten zu kümmern. Denke aber dann und wann auch daran, wo deine Bleibe ist, wenn alles Geschäftigsein zur Ruhe kommt. Der weise Mensch arbeitet, solange es etwas zu tun gibt, und pflegt die Ruhe, wenn die Arbeit getan ist.

# 71.

# Ein Bogen und zwei Pfeile?

### Kuan Yin sagt:

Drache und Einhorn kämpfen miteinander, wenn sie sich begegnen. Drachen und Pferde kommen leider nicht gut miteinander aus. Wer könnte schon zwei Pfeile gleichzeitig von einem Bogen abschießen? Ein Mann sollte nicht mit zwei Frauen sein, eine Frau nicht mit zwei Männern. Wer könnte schon den Drachen ergreifen, wenn er sich in den höchsten Himmel erhebt?

### Kuan Yin hilft:

Du musst dich entscheiden: Möchtest du dieses oder jenes? Willst du auf diesem oder auf jenem Wege weitergehen? Möchtest du mit diesem oder einem anderen Menschen dein Glück versuchen? Alles gleichzeitig geht hier auf der Erde leider nicht, das gibt es nur in den höchsten Himmeln, in denen keine Grenzen mehr existieren.

# Honig sammeln

## 72.

### *Kuan Yin sagt:*

Wir sammeln Honig und fürchten
uns davor, von den Bienen gestochen
zu werden. Wir schneiden Rosen und
wollen dabei nicht in die Dornen
geraten. Wir ernten Getreide auf dem
Feld und versuchen, den Stechdisteln
aus dem Weg zu gehen. Wir sammeln
Beeren und tun alles, um dabei nicht
den giftigen Efeu zu berühren.

### *Kuan Yin hilft:*

Freude und Leid gehen oft Hand in
Hand. Von Zeit zu Zeit müssen wir
damit rechnen, dass wir nicht immer
nur begünstigt werden, sondern dass
sich uns auch Widerstände in den Weg
stellen. Das ist nun einmal das Wesen
unseres Lebens. Bleibe heiter und
gelassen, und nimm hin, was du nicht
ändern kannst!

# 73.

# Von der Raupe zum Schmetterling

### *Kuan Yin sagt:*

Im Frühling kommen alle Käfer und Insekten aus der Erde heraus, Mücken genauso wie Schmetterlinge. Sie schwirren und tanzen herum; manche sind schön anzusehen, andere sind lästig. Im Winter werden sie wieder dort verschwunden sein, wo sie hergekommen sind.

### *Kuan Yin hilft:*

Wenn plötzlich etwas in deinem Leben losbricht, »wie ein Drache, der sich von der Kette losgerissen hat«, besteht für dich kein Grund, besorgt zu sein oder Angst zu haben. Vielmehr ist eine Zeit angebrochen, in der sich viele neue Energien entfalten. Der Weise ist sich stets bewusst, dass in Freude Leid stecken kann und in Leid Freude.

# Du bist, der du bist 74.

*Kuan Yin sagt:*

Eine Schneegans hat nach Zuflucht
Ausschau gehalten und wurde dabei
in einem Käfig gefangen. Nun
möchte sie sich gern in eine Maus
oder eine Schlange verwandeln, um
herauskommen zu können. Doch
gleich, wie sie es auch anstellt: Solange
sie nicht mehr sie selbst sein möchte,
gibt es kein Entkommen.*

*Kuan Yin hilft:*

Schau hin, ob du dich in einem
Teufelskreis alter Ideen und negativer
Gefühle selbst gefangen hältst. Stehe
zu den (eventuell falschen) früheren
Einschätzungen und Handlungen, und
entscheide dich jetzt ganz neu. Sei du
selbst, und unternimm im Vertrauen
auf die Kraft des Himmels das, was du
jetzt willst.

---

*Palmer kommentiert: »Dieser Vers ist der traurigste
und zugleich wahrste von allen.« A.a.O., S. 194

# 75.

# Ein Tiger als Bergkamerad

### *Kuan Yin sagt:*

Wenn du auf einen Berg steigst, ist es keine besonders gute Idee, einen Tiger als Kameraden mitzunehmen. Du bist nervös, dein Herz schlägt wie wild, dein Tritt wird unsicher. Du weißt nie genau, was als Nächstes passieren könnte.

### *Kuan Yin hilft:*

Ein riskantes Unternehmen stellt eine große Chance dar. Du kannst Ressourcen nutzen, die dir jetzt erst (wieder) zur Verfügung stehen, enorme Erfolge und Gewinne bringen. Behalte jedoch immer den »Tiger« im Sinn, damit du dir der allgegenwärtigen Gefahren bewusst bleibst.

# Der Sprung

76.

### *Kuan Yin sagt:*

Lange Zeit versteckt sich der Fisch in
den dunklen Tiefen das Wassers. Eines
Tages springt er empor und schnellt
geradewegs durch das Drachentor.
– Der Fisch wartet geduldig ab, bis
keine Hindernisse mehr vorhanden
sind, und springt dann mit einem Mal
in ekstatische Höhen.

### *Kuan Yin hilft:*

Halte dich von problematischen und
undurchsichtigen Aktivitäten fern.
Warte ab. Lerne, zwischen dem Wahren
und dem Nutzlosen zu unterscheiden.
Gehe kein Risiko ein. Dann wirst du
eines Tages die Chance erhalten, mit
einem einzigen Sprung dein Glück zu
erreichen.

# 77.        Träumerei

*Kuan Yin sagt:*

Im Traum erscheint das Bild von
einem Schatz. Ist das eine echte
Vision oder nur Schall und Rauch?
Erfolg und Glück scheinen außerhalb
deiner Reichweite zu liegen. Der Rat
guter Freunde und weiser Menschen
steht dir aber immer zur Verfügung.
Schwierigkeiten mögen dich belasten,
müssen dich aber nicht bedrücken.

*Kuan Yin hilft:*

»Wer zuletzt lacht, lacht am besten.«
Wenn du dich vom Theater der
Welt – zumindest vorübergehend
– befreien kannst, dann wird jetzt eine
fruchtbare Zeit für dich anbrechen.
Dein Reichtum besteht vor allem aus
guten Freunden! Die größte Illusion
ist die Ansicht, dass du ganz allein auf
dich gestellt durch dieses Leben gehen
müsstest.

# Einfachheit

78.

*Kuan Yin sagt:*

Koche Wasser nicht so heiß auf,
dass es zu schäumen beginnt. Lass
es langsam warm und weder zu heiß
noch zu kalt werden. Warmes Wasser
ist gerade richtig. Folge dem, was der
Himmel möchte, nicht der Meinung
irgendwelcher Leute. Wenn du mit
dem, was du hast und bekommst,
richtig umgehst, wirst du glücklich sein.

*Kuan Yin hilft:*

Achte auf den Ausgleich zwischen
Aktivität und Empfänglichkeit,
zwischen Yang und Yin; das wird dir
reiche Ernte eintragen. Du stehst
an einer Wegkreuzung und musst
dich endlich entscheiden. Wähle den
mittleren Weg, der zwischen den
Extremen liegt.

# 79. Dein Schutz

*Kuan Yin sagt:*

Folge deinem Gewissen, deinen Prinzipien und deinen Schutzgeistern. Was dir der Himmel rät, ist immer zum Besten. Missachte den Rat des Himmels nicht. Pläne, die auf unüberlegten Meinungen anderer Leute aufbauen, sind von vornherein zum Scheitern verurteilt. Tue nur, was reell und real ist.

*Kuan Yin hilft:*

Entwickle deine Unterscheidungskraft; das wird dir beständig Gutes einbringen. Lerne, Illusionen zu durchschauen und nicht so viel auf das Gerede anderer Menschen zu geben. Deine innere Stimme und deine höhere Führung leiten dich richtig. (Karcher* meint auch: »Wenn du den Buddha auf der Straße triffst, beachte ihn nicht.« )

---

*Karcher, a.a.O., S. 246

# Die Himmel sind weit und klar

## 80.

Sonne und Mond scheinen am klaren Firmament. Eine hochgestellte Persönlichkeit gewährt dir Hilfe. Du stehst unter dem Schutz der Himmel. Du strebst nach hohen Zielen – Erleuchtung, Selbstverwirklichung, schöpferischer Manifestation. Und bevor du dich's versiehst, trägst du selbst Verantwortung.

*Kuan Yin hilft:*
Suchst du nach Unsterblichkeit? Nach Weisheit? Nach spiritueller Macht? Du wirst alle Hindernisse überwinden oder umgehen, weil du dich in deinen Entscheidungen von Klarheit, Herzensweite und Mitgefühl leiten lässt. Gehe auf deinem Weg zum Ziel weiter, bist du es erreicht hast. Bitte um den himmlischen Schutz.

# 81. Herbstreise

*Kuan Yin sagt:*

Im Herbst fallen die Blätter von den
Eichen. Reisende eilen sich, nach
Hause zu gelangen. Die wandernden
Landarbeiter und Handwerker
werden auf ihrem Heimweg vom
Himmel begleitet und beschützt.
Ein Schatzgefäß wird vom Wind
heimgetragen.

*Kuan Yin hilft:*

Wir kennen die Lebensgeschichten der
meisten Menschen nicht, und doch
hat jeder Einzelne eine ganz besondere
Geschichte seiner Reise durch dieses
Leben. Beachten wir zumindest unsere
eigene und die von Menschen, welche
uns nahestehen. Jetzt geht es darum, zur
Quelle zurückzukehren, in die irdische
und die geistige Heimat.

# Seerosen

## 82.

*Kuan Yin sagt:*

Ein sengendes Buschfeuer mit orangeroten Flammen fegt über das Land, aber wie durch ein Wunder bleiben die Seerosen unversehrt. Sie lassen bald danach sogar noch mehr neue Knospen und Blätter sprießen. So ist es mit dem Menschen, der in sich ruht und nach einer Periode der Hektik umso produktiver ist.

*Kuan Yin hilft:*

Deine Pläne tragen Früchte, wenn du dich nicht von jener Unruhe und Angst anstecken lässt, die immer wieder einmal wie ein kollektives Fieber ganze Menschengruppen befällt. Die Turbulenzen werden sich bald beruhigen, und die nur scheinbar gefährliche Situation wird sich als große Chance erweisen. Der Geist entfaltet sich.

# 83.

# Der Lauf des Mondes

### Kuan Yin sagt:

Drei Tage um den Neumond herum siehst du den Mond nicht, und doch ist er dort oben am Himmel. Dann nimmt er zu und leuchtet bei Vollmond in der Nacht, als ob eine weiche, kühle Sonne schiene. Der ganze Himmel ist weit, offen und licht. So steht es in der Natur mit dem Wesen des Sichtbaren, das manchmal unsichtbar wird.

### Kuan Yin hilft:

Im Rhythmus der Natur findest du die Hilfen, die du brauchst: den Verlauf der Dinge, die Zeitspannen, die sie benötigen, die Klarheit über das Wesen des Lebens. Zunehmen und abnehmen, hell erstrahlen und dunkel unsichtbar sein: dein Weg ist immer dein Weg.

# Trunkenheit

## 84.

*Kuan Yin sagt:*

Die Kiefer ist in den Träumen von Lügnern nur ein Schatten. Der betrunkene Mensch weiß nicht, wohin er sich wenden soll. Wer üble Absichten und böse Handlungen die Oberhand gewinnen lässt, verliert seine Wahrheit und seine Tugend. Daraus entsteht Unglück, und die Seele verkümmert.

*Kuan Yin hilft:*

Achte darauf, dass du nicht aus Habgier, Verzweiflung oder weil du von einer Glückssträhne wie berauscht bist, deine Seelenführung vernachlässigst und deine Prinzipien aufgibst. Der Himmel will dir immer wohl – solange du es auch willst und dich entsprechend verhältst. Widme dich einige Zeit der Kontemplation und dem Gebet!

# 85.

# Aufstieg zum Gipfel

### *Kuan Yin sagt:*

Die Wolken über dem Berg reißen auf.
Aber über deinem Pfad auf diesem
Berg liegt noch Nebel. Wenn du oben
angelangt bist, wirst du rundherum eine
gute klare Sicht genießen. Die weise
Führung des Himmels begleitet und
beschützt dich auf deinem Weg.

### *Kuan Yin hilft:*

Wenn du erwachst, dann fallen alle
Träume und Phantasien wie von
selbst von dir ab. Bist du zu dir selbst
gekommen und weißt dich vom
Himmel getragen, so siehst du alles
um dich herum deutlich. Aber es ist
nur allzu natürlich, dass wir Menschen
uns auf unserem Weg oft wie im Nebel
fühlen. Lass dich auf das Eine ein!

# Überraschung

86.

### Kuan Yin sagt:

Ein Blütenregen wie aus einem
Paradiesgarten, eine Karawane
voller Schätze, Boten des Kaisers
mit Ehrenurkunden: Du wirst von
einem unerwarteten Glück plötzlich
regelrecht überwältigt. Nutze jetzt jede
Gelegenheit, die sich bietet, um deine
Welt erstrahlen zu lassen.

### Kuan Yin hilft:

Du verfügst über Talente und Gaben,
die du nun auch endlich anwenden
solltest. Das wird dir selbst genauso
Nutzen bringen wie vielen anderen
Menschen. Die Vorzeichen sind sehr
günstig, der Himmel lächelt dir zu, das
Füllhorn ist bereit, sich über dich und
deine Lieben zu ergießen. Du musst
dazu aber auch selbst etwas tun und die
Initiative ergreifen!

# 87.    Abend im Fels

*Kuan Yin sagt:*

Ein Bergsteiger hat endlich den hohen
Gipfel erreicht, aber nun bricht bereits
der Abend an. Was soll er jetzt bloß
tun? Zum Abstieg ist es zu spät. Er
schaut gen Himmel und betet um Hilfe
und Schutz. Sein Blick fällt auf eine
geschützte Höhle zwischen Felsen, wo
er über Nacht bleiben kann.

*Kuan Yin hilft:*

Auch in der Not wird dich der Himmel
nicht im Stich lassen. Selbst die tiefste
Nacht der Seele bringt dir etwas: die
notwendige Abkehr vom Alltag und
seinen falschen Verheißungen. Mach dir
keine Sorgen. Sei wie Wasser, das immer
einen Weg findet, und vertraue auf das
Leben.

# Der Holztiger

## 88.

*Kuan Yin sagt:*

Ein gefährlich aussehender Tiger mit
gebleckten, blitzenden Zähnen steht
vor deiner Tür. Aber er tut niemandem
etwas, denn er ist aus Holz geschnitzt.
Seine Energie aber wirkt dennoch. So
kannst du deine Tür bewachen lassen,
während du deinem Menschsein
nachgehst.

*Kuan Yin hilft:*

Angst, Wünsche und Unwissen sind
die Wurzeln von Illusion. Hinter
dem Wechselspiel von greifbaren
Dingen, Vorstellungen und erfühlten
Stimmungen existiert eine Wirklichkeit,
die in sich ruht, friedvoll und erfüllt ist,
aus sich selbst strahlt und Segen sendet.
Wenn du dich dort findest, wird man
dir nichts vormachen können, und du
wirst andere nicht in die Irre führen.

# 89. Verborgene Jade

### *Kuan Yin sagt:*

Die kostbare Form der Jade kann man in dem Stein, in dem sie verborgen ist, mit bloßem Auge nicht erkennen. So sind auch die wirklich weisen Menschen nicht ohne Weiteres von den durchschnittlichen oder den noch nicht erwachten zu unterscheiden. Jetzt ist aber die rechte Zeit gekommen, wahres Glück zu finden.

### *Kuan Yin hilft:*

Es ist immer möglich, wahres Glück zu finden. Jetzt ist die richtige Zeit für dich, zu erkennen, was dich weiterbringt, was dein Herz erfreut, was deine Seele erhebt. Auch unter den schlichtesten Umständen wirst du Segen und Zauber entdecken. Bitte den Himmel um die Gabe, dessen gewahr zu werden.

# Regenbogen über dem Berg

# 90.

### *Kuan Yin sagt:*

Eine besondere Botschaft des Himmels für dich: Es ist, als ob ein mit reichen Schätzen schwer beladenes Schiff in deinen sicheren Hafen einläuft. Der Regenbogen über dem Himmelsberg zeigt dir an, dass auf deiner Lebensreise alles möglich ist. Gib dich nicht mit zu kleinen Zielen zufrieden, blicke empor.

### *Kuan Yin hilft:*

Eine besonders gute Wendung des Schicksals für dich kündigt sich an: Deine Zeit ist gekommen. Teile den dir zuteil werdenden Segen mit anderen in deiner Welt. Du brauchst nur noch den Spiegel deines Gemüts blank zu putzen, schon wirst du den Regenbogen des Göttlichen über dem Berg des irdischen Lebens sehen, und deine Seele wird in allen Farben des Regenbogens strahlen.

# 91.

# Du entscheidest selbst

### Kuan Yin sagt:

Vor dir tut sich eine breite Straße auf. Du musst selbst entscheiden, ob du sie gehen willst. Nimm dein Schicksal in die eigenen Hände, und verändere es. Segle über die Meere des Lebens, getragen von freundlichen Winden. Tu alles, was du kannst, für jene, die nicht haben, was du hast.

### Kuan Yin hilft:

Denke über deine Arbeit nach, strebe nach ehrgeizigen Zielen, unternimm etwas. Wenn du jetzt etwas veränderst, wird dich das Schicksal belohnen. Denke an die weniger glücklichen Menschen, und hilf ihnen. Du bist hier und jetzt der Buddha, wenn du das nur willst.

# Von unten nach oben

### Kuan Yin sagt:

Ein Mensch arbeitet sich hinauf. Er nutzt seinen Verstand und setzt sich ein. Er betreibt Handel und Wandel, sammelt Schätze, die er nie anrührt, verfolgt Ziele, die er bei sich behält. Am Ende überragt er die Masse, wird angesehen und ein Führer von vielen.

### Kuan Yin hilft:

Setze dein Wissen und deine Kenntnisse ein. Entwickle deine Talente, übe, was du kannst und wonach du insgeheim strebst. Damit wirst du Erfolg haben, Geld verdienen und Ansehen erwerben. Dein Glück vermehrt sich am meisten dann, wenn du zum Wohle aller fühlenden Wesen arbeitest. Ohne diesen Einsatz sind wir weniger als Tiere und Steine, sagt Kuan Yin.

# 93.

# Der Phönix

*Kuan Yin sagt:*

Wenn die Federn des wundervollen
Phönix nass herabhängen und er
mühevoll die Schwingen öffnet, als
ob er sich erheben wolle, sieht das
recht kläglich aus. Dann sind sogar
die Sperlinge stolzer auf sich und ihre
Flügel, die sie in die Höhe recken, und
machen sich über den Phönix lustig.
Doch eines Tages werden die Himmel
aufklaren, und das Gefieder des
erhabenen Feuervogels wird wieder wie
der Mantel einer Königin strahlen.

*Kuan Yin hilft:*

In Zeiten des Unglücks oder der
Beschwernis ist es nicht verwunderlich,
wenn sich andere Menschen von
dir abwenden oder dein Ansehen
leidet. Wenn du dich von der Ansicht
befreist, des Zuspruchs oder gar
der Hochachtung anderer Leute zu
bedürfen, um dich mit dir selbst im
Reinen zu fühlen, dann findest du deine
wahre Mitte. Dort lebst und
gedeihst du.

# Der Weg zum Ziel 94.

*Kuan Yin sagt:*

Um dein Ziel zu erreichen, musst
du jeden Tag dafür arbeiten. Die
Versuchungen von Wein, Weib und
Gesang sind jedoch nur schwer zu
überwinden. Wenn du jedoch erst
einmal den Wert des echten Goldes
wahrgenommen hast, dann führt dich
der Weise in dir.

*Kuan Yin hilft:*

Glück, Reichtum und Ansehen warten
auf dich, wenn du bereit bist, dafür
eine Strecke des Weges zu gehen, dich
dafür eine Zeit lang Tag und Nacht
einzusetzen und dich auf diesem Weg
zum Ziel nicht von verführerischen
Zerstreuungen und Genüssen ablenken
zu lassen. Deine innere Welt reift
heran. Lass dir ihre Früchte nicht von
negativen Emotionen verderben.

# 95.

# Sei klar!

*Kuan Yin sagt:*

Die Kinder weiser Eltern wählen ihre Freunde und Spielkameraden achtsam aus und lassen sich nicht auf alle möglichen gemeinen Spielchen ein. Der reine Klang der Laute wird nicht von allen hoch geschätzt, nur von Kennern der Musik. Nicht alle Gewässer sind klar, die meisten sind sogar ziemlich trübe.

*Kuan Yin hilft:*

Bleib ruhig, bleib bei dir selbst, werde dir klar über das, was du möchtest, und über das, was du im Innersten bist. Lerne zu unterscheiden zwischen Menschen und Situationen, die dir dabei helfen, und solchen, die dich verunsichern oder betrüben. Die großen Beschützer kämpfen mutig für das Wahre und Gute.

# Die kostbare Pagode

96.

### Kuan Yin sagt:

Eine siebenstöckige Pagode erhebt sich auf einem Hügel. Sie ist nicht zu übersehen: Von überall sieht man, wie das abendliche Sonnenlicht auf ihren goldenen Dächern blitzt und funkelt. – Du siehst dein Ziel in erreichbarer Nähe. Fahre fort, zu arbeiten und voranzuschreiten, bete, und verneige dich vor dem Himmel. Er kann dich mit allem segnen!

### Kuan Yin hilft:

Du hast etwas gefunden, was für die meisten Menschen nur schwer zu erlangen ist. Lass deine Wünsche, Gefühle und Gedanken nun davon reinigen. Deine Motive sind dein Schutz, du bist auf einem guten Weg! Kein Grund mehr zur Besorgnis.

# 97.

# Kerzenlicht, das Schatten wirft

### Kuan Yin sagt:

Im Luftzug tanzt die Flamme einer Kerze und lässt bizarre geisterhafte Schatten entstehen. Sie sehen aus wie Blumen auf einem Feld, die im stürmischen Wind hin und her schwanken. Ein Mensch, der auf einer Planke im Meer treibt, ruft um Hilfe, er will gerettet werden. Ist unser Leben wie ein Floß, das ziellos umhertreibt?

### Kuan Yin hilft:

Lass widerstreitende Emotionen los, befreie dich vom Geplärre deines Gemüts, und höre nicht auf das oberflächliche und flüchtige Gerede der Leute. Es ist nicht gut, einem zwanghaften Verlangen nachzugeben. Lass den Himmel dein Führer sein, und öffne dein Herz für das, was deine Seele sagt.

# Wie sorglose Vögel

### Kuan Yin sagt:

Wenn Vögel unachtsam sind, dann
werden sie leicht im Netz der Jäger
gefangen. Dann können sie kaum
noch entkommen. Achte bei deinen
Vorhaben und Handlungen auf
Gefahren am Weg, werde nicht sorglos
und faul, sondern bleibe gründlich und
beharrlich in deinem Vorgehen.

### Kuan Yin hilft:

Du musst bei deinen beruflichen
und anderen Projekten auch
auf unterschwellige Vorzeichen
für Hindernisse oder Gefahren
achten. Ehrgeiz und Geschäftigkeit
allein reichen nicht aus; Ausdauer
und Gründlichkeit müssen sich
dazugesellen. Wach auf. Du selbst säst,
was du eines Tages ernten wirst.

# 99. Das entlaufene Pferd

### Kuan Yin sagt:

Ein Pferd, das gepeitscht wurde und
sich losgerissen hat, kann man nicht
mehr einfangen. Ein Mensch, der sein
eigenes Haus anzündet, wird bald
nur noch eine Ruine in der Asche
vorfinden. Wer seinem Körper Gifte
zuführt, wird naturgemäß bald krank
sein.

### Kuan Yin hilft:

Hüte dich davor, dir selbst Schaden
zuzufügen. Stolz und Habgier, Neid
und Wollust wären solche Schäden.
Der weise Mensch öffnet sein Herz,
vertraut auf die innere Quelle, blickt
voller Zuversicht gen Himmel. Wenn er
jedoch meint, alles aus dem Ego heraus
am besten zu wissen und zu können,
dann wird er leiden.

# Ein Zeichen des Himmels

100.

*Kuan Yin sagt:*

Die Götter sprechen durch Zeichen. Der Buddha und der Himmel geben dir Botschaften. Der Dumme legt sich faul nieder, beachtet die Zeichen nicht und verpasst damit die besten Möglichkeiten, seinem Leben eine positive Wende zu geben. Lass dich auf Kuan Yins Orakelsprüche wirklich ein, missachte sie nicht!

*Kuan Yin hilft:*

Ein Wort zum guten Schluss: Schätze die Worte dieses Orakels als etwas, was als eine Segnung vom Himmel zu dir kommt. Was passiert mit jemandem, der ein Geschenk erhält und es ablehnt? Selbst ein himmlischer Beschützer kann einem Menschen nicht helfen, der sich nicht helfen lassen will. Es ist höchste Zeit – warte nicht auf noch bessere Gelegenheiten!

# Wie man mit dem Orakel der Kuan Yin arbeiten kann

- Du kannst für jeden Tag ein Motto wählen.
- Du kannst für ein Thema oder Problem zwei oder drei Orakelsprüche auswählen.
  - Wenn du zwei Sprüche auswählst, kann einer für ein »Ja« und seine Hintergründe und Konsequenzen im Hinblick auf deine Frage stehen, der andere steht für »Nein«.
  - Wenn du drei Sprüche auswählst, kann der erste für die Vergangenheit, der zweite für die Gegenwart und der dritte für die Zukunft stehen.
- Du kannst zu einer Frage eine Antwort finden.

Sicher kommst du selbst noch auf eine ganze Reihe weiterer Möglichkeiten.

Zur Auswahl einige Vorschläge:
- Du kannst das Buch durchblättern oder wahllos aufklappen und den Spruch der Seite, auf der dein Daumen liegt, als gewählt betrachten.
- Für ein »zufälliges« Heraussuchen von Orakelsprüchen hatte Martin Palmer eine Idee, die ich hier gern aufgreife: Er ordnet die Zahlen 1 bis 100 willkürlich auf einer Buchseite an. Dann schlägt er diese Doppelseite auf, schließt

die Augen und deutet mit einem Stift oder mit dem Zeigefinger irgendwo auf das Blatt. Die Zahl, welche der Stiftspitze oder dem Finger am nächsten ist, bezeichnet den jeweiligen Orakelspruch. Am Ende dieses Abschnitts findest du eine solche Doppelseite.

• In China verwendet man gern schmale Bambushölzchen, auf die jeweils klein (und nicht ohne Weiteres erkennbar) eine Zahl zwischen 1 und 100 eingraviert ist. Man schüttelt die Stäbe in einer Schüssel (oder in den Händen) achtsam und unter Konzentration auf die Frage oder das Thema, bis ein Hölzchen herausfällt.

Hier noch zwei Hinweise auf Webseiten, die allerdings in Englisch sind.

Die Webseite: *www.springsgreetingcards.com* zeigt, wenn man links in der Leiste auf »Kuan Yin« klickt, die einhundert Orakelsprüche (jedoch in einer etwas anderen Übertragungsvariante!), illustriert mit recht hübschen Zeichnungen.

Auf der Webseite *http://www.soton.ac.uk/~maa1/chi/kuon/kuanintro.html* kann man rechts oben, etwa in der Mitte, auf »doing prophecies« klicken, und man bekommt eine zufallsgenerierte Möglichkeit, drei Orakelsprüche zu wählen, nämlich für Past (Vergangenheit), Present (Gegenwart) und Future (Zukunft).

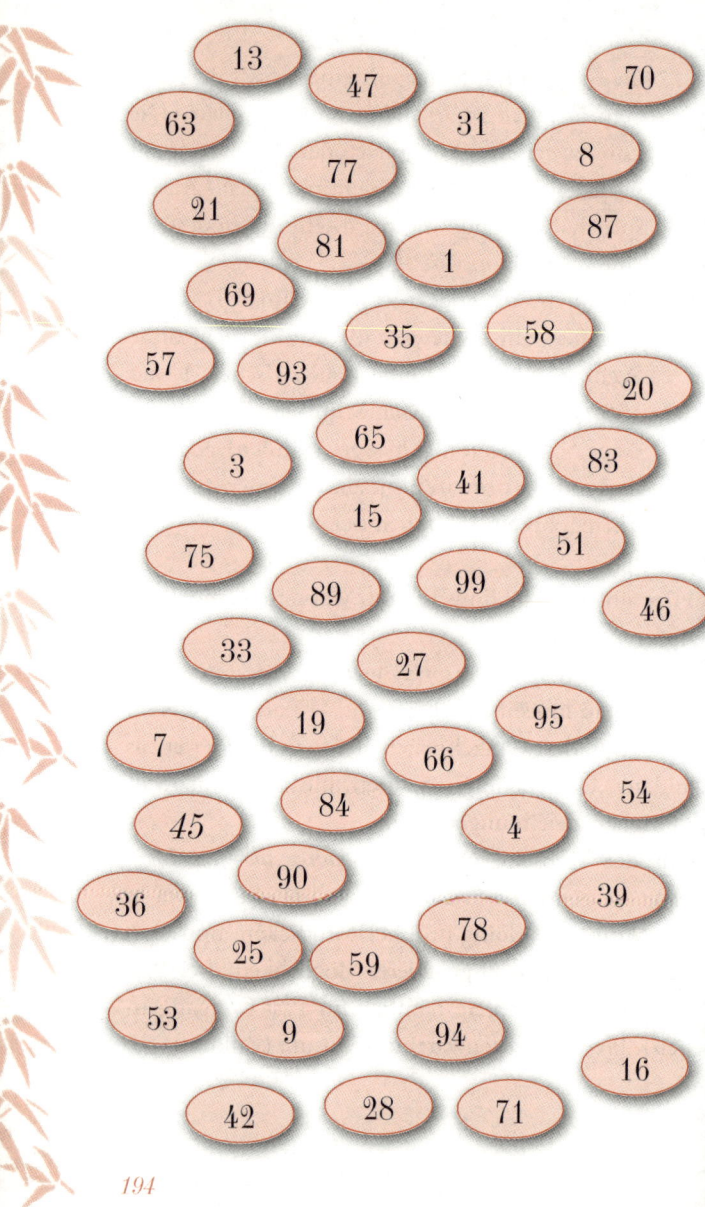

# Verzeichnis der 100 guten Wünsche Kuan Yins

# Kuan Yin schenkt

## *Das Leben verlängern*

Der Mönch Tao-tʻai träumte, dass er im Alter von 42 Jahren sterben würde. Er verschenkte all seine Habe, um somit Verdienst zu erwerben. Ein Freund erzählte ihm, dass bereits die einmalige Anrufung Kuan Yins denselben Verdienst erbringen würde wie die Darbringung von Opfergaben an 62 Milliarden Bodhisattvas. Wenn Tao seine gesamte geistige Konzentration auf Kuan Yin ausrichtete, so könne er mit ihrem Segen – trotz des unglückverheißenden Traums – seine Lebensspanne verlängern.

Tao meditierte mehrere Nächte. In der vierten Nacht sah er plötzlich den Bodhisattva hinter einem Vorhang an seinem Bett stehen. Kuan Yins Füße waren von goldenem Licht umstrahlt, und sie fragte: »Rufst du mich?« Als der Mönch den Vorhang beiseite zog, sah er niemanden. Obwohl er vor Aufregung schwitzte, fühlte er sich doch erfrischt und wie neugeboren – und er sollte noch viele Jahre gesund und munter weiterleben.

---

* Nach Chün-fang Yü: Kuan Yin, S. 175.

## Zurück in die Heimat

Pan Tao-hsiu war ein junger Soldat, der im Jahre 410 von seiner Armee getrennt wurde, sich verirrte, gefangen genommen und als Sklave in eine ferne Region verkauft wurde. Er dachte Tag und Nacht an Kuan-shih-yin und hoffte, den Bodhisattva (den man sich damals noch überwiegend als männlich vorstellte, aber bereits mit einem weiblichen Namen bezeichnete!) im Traum zu sehen.

Eines Tages befand er sich allein auf einem Berg und sah plötzlich die wahre Kuan Yin, die so hell strahlte, dass der gesamte Berg in einen goldenen Schein getaucht wurde. Hastig verneigte er sich und warf sich vor der Gestalt nieder. Als das Licht wieder erlosch, fand sich Pan in der Nähe seines Heimatdorfes wieder. Er folgte den ihm vertrauten Wegen und tauchte zum großen Erstaunen seiner Familie in deren Haus auf.*

## Wundervolle Visionen

Dem Mönch Hsüan-chi (639–706) wurden außergewöhnliche Visionen von Kuan Yin zuteil, weil er zweitausend Mal das Lotus- Sutra rezitiert hatte. In

---

* Nach Chün-fang Yü: a.a.O., S. 175

einer Sammlung von Berichten darüber heißt es, dass er nach der Vollendung der zweitausend Rezitationen träumte, in eine große Halle einzutreten, die von goldenen Bergen umgeben war. In den Bergen gab es Höhlen und Nischen, und in allen standen Schreine mit Statuen der Kuan Yin. Der Mönch verneigte sich, warf sich der Länge nach auf den Boden und ging dann in der Halle umher. Er war tief bewegt. Dann erblickte er eine Kristallvase, die eine Reliquie enthielt. Als er diese an sich nehmen wollte, wachte er auf.

Nachdem Hsüan das Lotus-Sutra fünftausend Mal rezitiert hatte, fiel er eines Tages in der Mittagszeit in Trance. Er sah einige hundert Sandelholzschreine, in denen sich jeweils ein Bildnis der Kuan Yin befand. Er berührte die Nischen, in denen die Schreine standen, und sie begannen, sich auf ihn zuzubewegen. Der Mönch nahm auch wahr, wie unzählige goldene Perlen vom Himmel schwebten. Er öffnete seinen Mund, schluckte ein paar davon und fühlte sich von Freude erfüllt. Obwohl mittlerweile so viel Zeit verstrichen war, dass er zwei Mahlzeiten versäumt hatte, spürte er beim Erwachen keinerlei Hungergefühl. Von diesem Tag an war sein Seelenfrieden vollkommen. Er spürte seinen Körper kaum noch, zudem wurde er in seinen Anbetungen noch inniger und inbrünstiger. Er rezitierte das Lotus-Sutra fünf Mal in der Zeit vom ersten Hahnenschrei des einen Tages bis zu dem des nächsten.

Nachdem Hsüan das Lotus-Sutra neuntausend Mal rezitiert hatte, kam ein seltsamer Vogel von draußen hereingeflogen und setzte sich ihm auf den Brustkorb. Nachdem der Vogel sieben Tage und sieben Nächte bei ihm geblieben war, flog er wieder fort. Der Mönch träumte danach von Kuan Yin. Die Gestalt des Bodhisattvas war von der Hüfte abwärts mit farbigen Ornamenten geschmückt – ganz so, wie Kuan Yin auf zahlreichen Ikonen dargestellt wurde. Hsüan verneigte sich, warf sich nieder, berührte die Füße Kuan Yins und nannte ihn (!) den Großen Barmherzigen. Kuan Yin berührte Hsüans Haupt einige Male, erhob dann seine (!) Hände. und ließ den Mönch Milch trinken, die – wie die Forscherin Yu vermutet – aus den Fingerspitzen Kuan Yins floss.

◇◇◇

So weit drei Berichte aus der frühen Zeit der Kuan-Yin-Verehrung, als der Übergang von der männlichen zur weiblichen Gestalt noch nicht eindeutig und unumkehrbar erfolgt zu sein schien.

Interessant ist der Hinweis auf das Trinken von Milch. Ist diese Geschichte vielleicht doch unvollständig überliefert worden, weil sie etwas vermeintlich Unschickliches enthielt? Es heißt, dass der Bodhisattva von der Hüfte an abwärts mit Ornamenten bedeckt war. Demnach war er also ab der Hüfte aufwärts nackt. Was würde es bedeuten, wenn dies bereits die weibliche Gestalt war, aus deren Brüsten die Milch floss? Das würde an die bekannten Darstellungen der Madonna lactans erinnern, an die Mariengestalt, aus deren Brüsten die Milch der Reinheit, der Weisheit und des Lebens fließt.

Der Diana-Maria-Brunnen vor der Wallfahrtskirche in Großgmain bei Salzburg stellt eine doppelgestaltige Madonna dar. Eine Seite erhebt den Blick nach oben zum Himmel, die andere neigt den Kopf zur Erde. Eine ist schwanger, die andere nicht. Beide Gestalten lassen aus ihren Brüsten Wasser fließen, das hier eindeutig als das »Wasser des ewigen Lebens« gelten kann.

Es ist interessant, welche Parallelen die religiösen Bilder und sogar die Erfahrungen im kollektiven Bewusstsein der Menschheit aufweisen.

# 5.

# Das Herz spüren

*Öffnung für die Gegenwart von Kuan Yin*
*im eigenen Leben*

◇◇◇◇◇◇

*Eine Anrufung und eine siebentägige Meditation helfen,*
*die Energie von Kuan Yin im Alltag zu aktivieren, an*
*sich selbst zu arbeiten und mehr Segen im Leben zu er-*
*fahren. Mit einem Gebet findet dieses kleine Buch seinen*
*guten Abschluss.*

◇◇◇◇◇◇

## Anrufung Kuan Yins

Die folgende Anrufung Kuan Yins ist vielerorts ge-
bräuchlich. Man wendet sich an Kuan Yin, um Erbar-
men, Mitgefühl, Heilung, Barmherzigkeit, Wunsch-
erfüllung oder Seelenfrieden zu erbitten. Die Worte
kannst du als Mantra sprechen, singen, chanten,*

---

\* Chanten: spirituelle Übung. Indem man heilige Worte, z.B. die der
Veden, spricht, taucht man unmittelbar in die Erfahrung der Seher
und Weisen, die diese Texte empfangen haben, ein. Übt man dies regelmäßig, kehrt sich bald die Richtung um – sie sprechen zu uns und
enthüllen uns so ihre tiefere Botschaft.

oder sie einfach gedanklich wiederholen, zum Beispiel im Herzen oder am Dritten Auge.

> *Namo Guan Shih Yin Pusa*
> auch: *Namu Kuan Shi Yin Pu Sa*
> oder: *Namo Kuan Shi Yin Pú-Sa*

Eine dem Original ungefähr entsprechende Übertragung lautet:

> *Heil der Kuan-Yin-Bodhisattva.*

*Namo/Namu (Sanskrit):* Ehrerbietung an, Zuflucht nehmen bei
*Guan/Kuan (chinesisch):* beachten, sich um etwas kümmern
*Shih/Shi (chinesisch):* Welt
*Yin (chinesisch):* Klang, Ton, Stimme
*Pusa/ Pu Sa (Sanskrit):* Bodhisattva

# Siebentägige Meditation

Hier eine gekürzte Anleitung zu einer Kuan-Yin-Meditation, die sich über mehrere Tage und Nächte erstrecken kann. »Klassisch« wäre eine Periode von sieben Tagen und sieben Nächten. Es steht dir selbstverständlich frei, eigene Formen zu finden. Bitte beachte, dass es in den meisten Fällen bei intensiven und tiefgreifenden Meditationsübungen sinnvoll ist, einen Lehrer oder einen Begleiter dabeizuhaben, der dir helfen und dich stützen kann, falls sich extreme Erfahrungen einstellen.

1.  Reinige deine Wohnung bzw. dein Haus. Hänge Gebetsfahnen auf, und errichte kleine Baldachine; verstreue Blumen und Blütenblätter, lass Räucherwerk glimmen.

2.  Lasse dich sieben Tage und sieben Nächte zur Meditation nieder und wiederhole die folgenden Sätze ohne Unterlass, möglichst ohne dass andere Gedanken aufsteigen und Gefühle oder sonstige Impulse stören:

3.  »Ich beobachte, dass die drei Reiche leer sind, ohne Sein und auch ohne Festigkeit. Auch in der Existenz gibt es keine Wirklichkeit und keine Dauer. Alle Dharmas* sind leer und still. Sie bestehen aufgrund von Ursachen und Bedingungen. Wenn sich Ursachen und Bedingungen erheben, dann werden Dharmas erzeugt.«

---

* Dharma: kann sowohl göttliche wie menschliche Ordnung und Sitte bezeichnen; hier wohl vor allem gemeint als Hinweis auf bestimmte religiöse Verrichtungen, die nun eben nicht mehr absolviert werden müssen.

Diese Sätze kannst du laut aussprechen oder auch in Gedanken wiederholen. Wenn du von allem loslässt, wirst du eins mit dem, was nicht ist und doch immer ist, immer war und immer bleibt.

4.  Wenn du spürst, dass du »den Halt verlierst«, und du keinen erfahrenen Begleiter hast, dann sprich:

    »Ich bitte Kuan Yin um Hilfe und Segen, um Gnade und Barmherzigkeit.«

    Oder beende die Meditationsübung: Dusch dich, vielleicht recht kühl, geh hinaus in die freie Natur, komme wieder ganz im Hier und Jetzt an!

5.  Während dieser Tage kann an jedem Tag ein anderes Wunder geschehen: Am ersten Tag nimmt man den Wohlgeruch von Sandelholz oder anderen Düften wahr. Am zweiten Tag sieht man mitten in der Nacht ein helles Licht. Am dritten Tag erblickt man eine Lotusblüte, so groß wie ein Wagenrad. Am vierten Tag erscheint ein Himmelswesen und bespricht mit den Schülern Wege des Dharmas. Am fünften Tag werden Avalokiteshvara bzw. Kuan Yin zu Zeugen des Samadhis*

---

* Samadhi: eine Form der »Erleuchtung«, für die es zahlreiche Varianten gibt.

des Übenden, der seine bzw. ihre früheren Leben wahrnimmt. Am sechsten Tag zeigt Avalokiteshvara bzw. Kuan Yin einen Himmelsort, an dem vier Bodhisattvas spirituelle Unterweisungen erteilen. Der Geist des Übenden wird klar und hell, er sieht die zehn Richtungen, und in ihm wachsen Freude und Ehrfurcht vor den spirituellen Lehren. Am siebenten Tag manifestiert sich der Avalokiteshvara-Bodhisattva (bzw. Kuan Yin) selbst, mit strahlendem Licht, heller als die Sonne. Der Übende erhält einen segnenden und freundschaftlichen kleinen Klaps auf den Kopf und erlangt Festigkeit und Gelassenheit des Geistes.

Zur Beendigung der Übung beachte den Hinweis am Ende von Punkt 4. (Diese kurze Beschreibung beruht auch auf Hinweisen, die Chün-fang Yü in ihrem Buch zitiert (S. 107 f.; siehe Anhang).

Dieses kleine Buch kann nicht mehr als einen ersten Zugang zu Kuan Yin eröffnen – für Menschen aus dem Westen und aus der Sicht eines Menschen aus dem Westen. Dass Kuan Yin »größer« ist, dass jede Heilige, jede Bodhisattva-Erscheinung, jeder Buddha, jede Göttin »größer« ist, als ein Büchlein beschreiben, erklären und deuten könnte, ist offensichtlich.

Wenn man nun eine einzige Eigenschaft benennen sollte, die Kuan Yin am besten charakterisiert, scheint mir das »Hilfe in jeder Not« zu sein. Deshalb soll am Schluss auch ein Gebet zu Kuan Yin stehen, das knapp und kurz ist und sich auf das Wesentliche richtet: Hilfe in Not. Denn wie uns zahlreiche Wundergeschichten versichern, reicht es oft bereits aus, auch nur den Namen Kuan Yins zu nennen bzw. auszurufen!

◇◇◇

## Gebet in Not

Das folgende kurze Stoßgebet wird von Millionen von Menschen auf der Erde immer wieder gesprochen, in ihrer jeweils eigenen Sprache. Ich nenne zunächst das übliche Gebet, danach das für die deutsche Sprache, bei dem bezüglich der Artikel zwischen männlicher und weiblicher Form unterschieden wird (anders als im Englischen, wo das Wort »the« für »der«, »das« oder »die« stehen kann).

*Ich rufe den Bodhisattva,*
*der die Leiden der Welt hört und sieht.*
*Ich rufe den Bodhisattva,*
*der die Leiden der Welt hört und sieht.*
*Ich rufe den Bodhisattva,*
*der die Leiden der Welt hört und sieht.*

*Ich bitte Kuan Yin,*
*die die Leiden der Welt hört und sieht:*
*Hilf!*
*Ich bitte Kuan Yin,*
*die die Leiden der Welt hört und sieht:*
*Hilf!*
*Ich bitte Kuan Yin,*
*die die Leiden der Welt hört und sieht:*
*Hilf!*

# Anhang

# Texte

## Lieder über Kuan Yin

Die folgenden drei Texte sind volkstümliche Lieder, die man Kuan Yin ching (Kuan-Yin-Sutra) nennt. Die Autorin Chün-fang Yü hatte sie von Frauen auf Frühlingspilgerfahrten gehört und ins Englische übertragen.* Der Verfasser hat sie ins Deutsche übersetzt. Dieses Buch von Chün-fang Yü ist das umfassendste zeitgenössische Werk zum Thema und es werden darin zahlreiche Quellen erschlossen.

Es ist bisher nur auf Englisch erschienen und durch die akademische Vorgehensweise wohl vor allem für interessierte Wissenschaftler eine unentbehrliche Lektüre.

### *Kleines Kuan-Yin-Sutra*

(gesungen von einer fünfzigjährigen Pilgerin aus T'ung-hisang, Kiangsu)

*Tempel des Südmeeres, purpurner Bambushain.*
*Kuan Yin erscheint aus dem purpurnen Bambushain.*
*Eine Schwiegertochter vom Ende der Welt betete zu*
*Kuan Yin.*

---

* Chün-fang Yü: Kuan-Yin, S. 505, 507, 508.

*Nachdem sie verehrt wurde, erscheint Kuan Yin vor*
*meinen Augen.*
*Tausend gute Wege führen zum Felsenberg.*
*Anbetung der Kuan Yin, der Großen Barmherzigen*
*Einen.*

## Sutra zu Ehren von Kuan Yin

(gesungen von einer achtundfünfzigjährigen Frau aus
Soochow, Kiangsu)

*Wenn die Frühlingsbrise weht und das Wasser klar ist,*
*muss ich nach Hangchow gehen, um Kuan Yin zu*
*verehren.*
*Schau den hohen Berg mit eintausend Buddhas,*
*sieh den westlichen See mit dem durchsichtigen Wasser.*
*Der westliche See hat Brücken, die fünfzehn und*
*sechzehn Li\* überspannen.*
*Der westliche See blickt zum Ling-yin-Tempel,*
*und der Ling-yin-Tempel sieht auf die Brücke des*
*duftenden Wassers.*
*Weiden wechseln sich mit Pfirsichbäumen ab.*
*Oma Kuan Yin lebt im Bergbach der neun*
*gewundenen Pfade.*
*Ich komme und trage Räucherwerk aus einem fernen*
*Land, aus einer anderen Provinz.*
*Verehrung und Anbetung dem Buddha Amitabha.*

---

\* altes chinesisches Längenmaß: 1 Li = 180 Faden = 0,5755 km

# Das Sutra des duftenden Berges

(gesungen von einer siebzigjährigen Pilgerin aus
Chia-hsin, Kiangsu)

*Ich nehme den Holzfisch auf und fange an,*
*das Sutra zu singen.*
*Drei Schwestern widmeten sich gemeinsam*
*spirituellen Übungen und der Kultivierung des Geistes.*
*Die älteste Prinzessin wollte die Tathagata-*
*Buddhaschaft erlangen.*
*Die zweite Prinzessin wollte einen Segens- und*
*Freudenkörper erwerben.*
*Die dritte Prinzessin ist noch jung; und sie wollte*
*Kuan-shih yin des purpurnen Bambushains werden,*
*Kuan Yin des Spirit-Berges.*
*Die Höhle der Gezeitenklänge und der purpurne*
*Bambushain:*
*Ich halte Räucherwerk in meiner Hand*
*und lade Kuan Yin ein, herabzusteigen.*
*Ich möchte die drei Kuan Yins einladen,*
*Plätze einzunehmen, die nach Süden weisen.*
*Mit Aufrichtigkeit in meinem Herzen bete ich Kuan*
*Yin an.*
*Die erste Kuan Yin kommt aus dem südlichen Meer.*
*Sie lächelt ein breites Lächeln, als sie meine Anrufung*
*des Namens Buddhas hört.*
*Sie hat kein Interesse daran,*
*bestickte Schuhe an ihren Füßen zu tragen,*

sondern sie sitzt nun auf dem Lotus-Thron und lässt
ihre natürlichen, großen Füße sehen.
Die zweite Kuan Yin sitzt hoch droben,
Der Berg T'ai kann niemals so hoch sein
wie der Berg des Buddhas.
Drei Räucherstäbchen aus Sandelholz glimmen in
einem goldenen Räucherwerkhalter.
Der Rauch steigt empor von der Brücke,
die unsterblich macht.
Die dritte Kuan Yin ist sehr eindrucksvoll
und mächtig.
Sie hält den hölzernen Fisch und reist überallhin.
Gemeine Leute der Welt sagen, ich sei ein Mädchen,
das um Almosen bettelt.
Mein Vater ist (jedoch) kein anderer
als König Miao-chuang.
Drei Bildnisse der Kuan Yin sind königlich errichtet
worden.
Ich trage den hölzernen Fisch
und gehe hinauf zum Himmel.
Den Ton des Holzfisches hört man im Himmel.
Die neunundneunzig heiligen Schriften
strahlen gleißendes Licht hervor.
Verehrung und Anbetung dem Buddha Amitabha.

# Lauretanische Litanei

Hier die im 2. Kapitel behandelte Anrufung Mariens im ganzen Wortlaut. In gewisser Weise stellt auch sie eine Anrufung, vielleicht sogar »Beschwörung«, der Göttin in vielen ihrer Eigenschaften dar.

*Herr, erbarme dich unser*
*Christus, erbarme dich unser*
*Herr, erbarme dich unser,*
*Christus höre uns*
*Christus, erhöre uns*
*Gott Vater vom Himmel, erbarme dich unser*
*Gott Sohn, Erlöser der Welt*
*Gott Heiliger Geist*
*Heilige Dreifaltigkeit, ein einiger Gott*
*Heilige Maria, bitte für uns*
*Heilige Gottesgebärerin*
*Heilige Jungfrau aller Jungfrauen*
*Mutter Christi*
*Mutter der göttlichen Gnade*
*Du reinste Mutter*
*Du keuscheste Mutter*
*Du unversehrte Mutter*
*Du unbefleckte Mutter*
*Du liebliche Mutter*
*Du Mutter des guten Rates*
*Du Mutter des Schöpfers*

*Du Mutter des Erlösers*
*Du weiseste Jungfrau*
*Du ehrwürdige Jungfrau*
*Du lobwürdige Jungfrau*
*Du mächtige Jungfrau*
*Du gütige Jungfrau*
*Du getreue Jungfrau*
*Du Spiegel der Gerechtigkeit*
*Du Sitz der Weisheit*
*Du Ursache unserer Freude*
*Du geistliches Gefäß*
*Du ehrwürdiges Gefäß*
*Du vortreffliches Gefäß der Andacht*
*Du geistliche Rose*
*Du Turm Davids*
*Du elfenbeinerner Turm*
*Du goldenes Haus*
*Du Arche des Bundes*
*Du Pforte des Himmels*
*Du Morgenstern*
*Du Heil der Kranken*
*Du Zuflucht der Sünder*
*Du Trösterin der Betrübten*
*Du Helferin der Christen*
*Du Königin der Engel*
*Du Königin der Patriarchen*
*Du Königin der Propheten*
*Du Königin der Apostel*
*Du Königin der Märtyrer*

Du Königin der Bekenner
Du Königin der Jungfrauen
Du Königin aller Heiligen
Du Königin ohne Makel der Erbsünde empfangen
Du Königin des heiligen Rosenkranzes
Du Königin des Friedens
Lamm Gottes, du nimmst hinweg die Sünden der Welt
verschone uns, o Herr

–

Lamm Gottes, du nimmst hinweg die Sünden der Welt
erhöre uns, o Herr

–

Lamm Gottes, du nimmst hinweg die Sünden der Welt
erbarme dich unser

–

Bitte für uns, o heilige Gottesgebärerin –
auf dass wir würdig werden der Verheißungen Christi.

Lasset uns beten:
Verleihe, wir bitten dich, o Herr und Gott,
dass wir, deine Diener, des beständigen Wohles der Seele
und des Leibes uns erfreuen
durch die glorreiche Fürbitte der seligsten und allzeit
jungfräulichen Mutter Maria,
von der gegenwärtigen Trübsal befreit werden und die
ewige Freude genießen mögen durch Christus,
unseren Herrn.
Amen.

# Literaturhinweise

Blofeld, John: Compassion Yoga - The Mystical Cult of Kuan Yin. Unwin Paperbacks, Mandala Books, London 1977 (Der sehr persönliche Klassiker zum Thema; leider vergriffen.)

Boucher, Sandy: Discovering Kwan Yin - Buddhist Goddess of Compassion. Beacon Press, Boston 1999 (Kuan Yin aus dezidiert weiblicher, feministischer und auch lesbischer Sicht; eine Impulse gebende kleine Studie.)

Dunn Mascetti, Manuela: Kuan Yin - Divine Giver of Compassion. The Book Laboratory, Raincoast Books, Vancouver 2004 (Ein hübsch gestaltetes Geschenkbüchlein zum Thema.)

Foubister, Linda: Goddess in the Grass - Serpentine Mythology and the Great Goddess. Ecce Nova Editions, Victoria, Canada 2003 (Eine aufschlussreicher Hintergrunddarstellung zur Mythologie der Großen Göttin.)

Fuchs, Walter: Der Wille der Kwan-Yin. Zürich 1955 (Die Legende der Kuan Yin nacherzählt von einem Privatgelehrten alter Schule, der zwischen 1929 und 1951 im Auswärtigen Dienst und als Rechtsanwalt in China lebte; leider vergriffen.)

Karcher, Stephen: The Kuan Yin Oracle - The Voice of the Goddess of Compassion. Time Warner Paperbacks, London 2003 (Detaillierte Darstellung der Orakelsprüche.)

Palmer, Martin: Die Jesus-Sutras. München 2002 (Hochinteressante Informationen über die sonst weithin unbekannte Christianisierung des westlichen Chinas zwischen 635 und 900.)

Palmer, Martinand / Ramsay, Jay / Kwok, Man-Ho: Kuan Yin - Myths and Prophecies of the Chinese Goddess of Compassion. Thorsons, London 1995 (Informatives rund um Kuan Yin und sehr eigenwillige Übertragungen der Orakelsprüche.)

Phillips, Kathy J.: This Isn´t a Picture I´m Holding: Kuan Yin. University of Hawaii Press 2004 (Gedichte rund um Kuan Yin mit Schwerpunkt auf ihrem Kult in Hawaii.)

Spezzano, Chuck: Karten der Heilung. CH-Neuhausen 2004

Spezzano, Chuck; Spezzano, Lency: Es muss doch einen besseren Weg geben: ein Handbuch zur Psychologie der Vision. Petersberg 2003

Yü, Chün-fang: Kuan-yin - The Chinese Transformation of Avalokitesvara. Columbia University Press, New York 2001 (Das umfassende akademische Grundlagenwerk.)

Während des Schreibens an diesem Buch ist von Daniela Schenker ein neues deutsches Buch über Kuan Yin herausgekommen, erschienen im Hans-Nietsch Verlag. Ich habe es noch nicht lesen können, möchte aber aus freundschaftlich-kollegialer Verbundenheit mit der Autorin wenigstens darauf aufmerksam machen.

## Einige weitere Bücher des Autors

Was lehrte Jesus wirklich: Die verborgene Botschaft der Bibel. Darmstadt 2007

Fünf Kräfte meiner Seele: Eine sinnvolle Verbindung von Psychologie und Spiritualität, um Ziele zu erkennen, Probleme zu lösen und Chancen zu nutzen. Stuttgart 2005

Das Seelen-Orakel: 60 Bilder-Karten mit Archetypen, Symbolen und mythischen Gestalten sowie Anleitungsbuch zu den »5 Kräfte meiner Seele«. Berlin 2007

Meinen Kraftort finden: Buch und 48 Karten zu Kraftorten weltweit mit 100 Kraftorten in Deutschland, Österreich und der Schweiz. CH-Neuhausen 2006

Einführung in die Horoskopdeutung: Ein beliebter Klassiker der Astrologie. CH-Neuhausen 1996

Transite im Horoskop: Richtige Zeitpunkte, Problemlösung, Entwicklungschancen. CH-Neuhausen 2007

Die Horoskopuhr und andere Methoden der Zeitbestimmung im Horoskop. Tübingen 2005

Die Kraft der Engel: Inspiration für jeden Tag; 60 Kärtchen mit Buch. CH-Neuhausen 1995

Engel – Boten des Himmels, Boten der Seele: Ein Grundlagenbuch über Engel, mit zwölf Engelmeditationen (auch auf CD). Stuttgart 2006

Worauf es in Wirklichkeit ankommt: Ein spiritueller Leitfaden. Petersberg 2004